Walter Seyffer

Aufbruch in die Spiegelwelt

W0233141

Walter Seyffer

Aufbruch in die Spiegelwelt

Eine Anleitung zum Finden und Lösen
biographischer Rätsel

Für meine Frau Ruth

Bibliographische Information der Deutschen Nationalbibliothek
Die Deutsche Nationalbibliothek verzeichnet diese Publikation in der
Deutschen Nationalbibliographie; detaillierte bibliographische Daten
sind im Internet über http://dnb.ddb.de abrufbar.

ISBN 978-3-95779-098-9

Erste Auflage 2019

© 2019 Info3-Verlagsgesellschaft Brüll & Heisterkamp KG,
Frankfurt am Main

Satz: Ulrich Schmid, de·te·pe, Aalen
Umschlag: Frank Schubert, Frankfurt am Main, unter Verwendung
des Gemäldes „la reproduction interdite" von René Magritte
Druck und Bindung: CPI books, Leck
E-Book in Vorbereitung

Inhalt

Vorwort

Jeder Mensch ist nicht nur er selber,
sondern auch der einmalige ganz besondere,
in jedem Fall wichtige und merkwürdige Punkt,
wo die Erscheinungen der Welt sich kreuzen,
nur einmal so und nie wieder.
Darum ist jedes Menschen Geschichte wichtig, ewig, göttlich,
darum ist jeder Mensch,
solange er irgend lebt und den Willen der Natur erfüllt,
wunderbar und jeder Aufmerksamkeit würdig.
In jedem ist der Geist Gestalt geworden,
in jedem leidet die Kreatur,
in jedem wird ein Erlöser gekreuzigt.

Hermann Hesse, *Demian*

Das Phänomen der biographischen Spiegelung darzustellen ist insofern ein Leichtes, als es nahezu bei jedem Menschen in Erscheinung tritt. Ich habe mir vorgenommen, in den folgenden Darstellungen aufzuzeigen, unter welchen Voraussetzungen wir diese Spiegelungen auffinden können. Dies setzt voraus, dass wir uns mit den ureigensten Eigenschaften einer Spiegelung auseinandersetzen müssen. Unter anderem handelt es sich dabei um Ereignisse oder Prozesse, die mit anderen Ereignissen und Prozessen in zeitlichem Zusammenhang stehen.

Zur praktischen Anwendung kommt dieses Wissen über Spiegelungen im menschlichen Lebenslauf – soweit mir bekannt ist – bislang nur in der Biographiearbeit auf Grundlage der Anthroposophie. Hier wird einerseits seit vielen Jahren mit diesem Phänomen gearbeitet, anderseits in vornehmer Zurückhaltung bisher darauf verzichtet, dieses Wissen mit der Welt zu teilen.

Es gibt eine große Anzahl von Publikationen, die sich mit Biographiearbeit auseinandersetzen. Dabei geht es aber in den meisten Fällen darum, mehr oder weniger die grundsätzliche Methodik dieser Arbeit zu vermitteln. Selten werden in diesen Veröffentlichungen weiterführende, sich im Laufe der Zeit über diese Arbeit hinaus entwickelnde Phänomene erläutert, obwohl diese bereits seit langer Zeit erfolgreich methodisch angewendet werden.

Seit Beginn meiner Tätigkeit als Biographieberater – es sind jetzt nahezu zwanzig Jahre – bildete das Auffinden von Spiegelungen im menschlichen Lebenslauf immer einen festen Bestandteil meiner Arbeit. Das Interesse und die daraus resultierenden heilenden Kräfte, die ich bei meinen Klienten wecken konnte, haben mich dazu gebracht, dieses Phänomen nun in einer eigenen Darstellung schriftlich zu fassen und zu würdigen.

Ich hoffe, dass sich vielleicht auch einige meiner Kolleginnen und Kollegen über diesen bisher nur mündlich weitergegebenen Aspekt der Biographiearbeit freuen. Wichtig war es mir aber vor allem, für dieses Buch eine verständliche Sprache all jenen gegenüber zu finden, die bisher noch keine Berührung mit Biographiearbeit hatten. Ich vertraue dabei auf deren forschende Neugier und eine Bereitschaft, neues Gedankengut aufzunehmen.

Wer bereit ist, mich mit einem verantwortlichen Maß an Unvoreingenommenheit auf dieser Reise durch die Erlebniswelt der Spiegelung zu begleiten, dem sei versprochen, dass mit Sicherheit auch Erlebnisse in dessen Erinnerung auftauchen werden, die mit der eigenen biographischen Entwicklung korrespondieren werden. Insofern wird es mit Sicherheit möglich sein, die von mir aufgestellten Thesen direkt nachzuvollziehen, indem man in die Lage versetzt wird, entsprechende sich spiegelnde Ereignisse im eigenen Leben zu erkennen. Somit soll dieses Buch eine Tür zu einem Zwischenreich öffnen, dass in seinen schier unerschöpflichen Erscheinungsformen für jede Leserin und für jeden Leser ein ganz persönliches Elixier innerhalb seiner biographischen Weiterentwicklung werden kann.

> Wie an dem Tag, der dich der Welt verliehen,
> Die Sonne stand zum Gruße der Planeten,
> Bist alsbald und fort und fort gediehen
> Nach dem Gesetz, wonach du angetreten.
> So musst du sein, dir kannst du nicht entfliehen,
> So sagten schon Sibyllen, so Propheten;
> Und keine Zeit und keine Macht zerstückelt
> Geprägte Form, die lebend sich entwickelt.
>
> Goethe, *Urworte. Orphisch*

Ouvertüre

Das Phänomen der biographischen Spiegelungen ist seit den achtziger Jahren des vergangenen Jahrhunderts bekannt. Methodische Anwendung fand es bislang in jener Biographiearbeit, deren Grundlage auf einem anthroposophischen Menschenbild beruht.

Dieses Buch wendet sich aber nicht im Besonderen an Praktizierende der Biographieberatung. Mein Ziel ist es, jeden interessierten Menschen, der gerne seinen Blick über den eigenen Tellerrand erheben will, mit einem Phänomen bekannt zu machen, das nicht eine abstrakte Vorstellung bedienen will, sondern unmittelbar persönlich erfahrbar gemacht werden kann.

Spiegelungen stehen im Einklang mit jenen Weltmodellen, wie sie auch von großen Denkern (unter anderem in der theoretischen Physik) zu Beginn des letzten Jahrhunderts bereits vorgedacht wurden, ohne bislang eine allgemeinen Anerkennung erhalten zu haben.

Spiegelungen lediglich begrifflich zu definieren, ist von vornherein eine Herabwürdigung dieses Phänomens, da eine angemessene Darstellung nur in einer individuellen Erlebbarkeit zu finden ist. Sicher ist es möglich – und darin möchte sich dieses Buch versuchen – die Gesetzmäßigkeiten, die einer Spiegelung zu Grunde liegen, aufzuzeigen. Dieses offenkundige Regelwerk hilft uns bei der Annäherung an dieses Phänomen. Allerdings beinhaltet ein Aufspüren und Verorten noch nicht die eigentliche Erfahrung, die uns eine Spiegelung in Bezug auf die Sinnhaftigkeit unseres Werdens innerhalb unserer biographischen Entwicklung vermitteln kann. Dies ist in seinem vollen Umfang nur individuell erfahrbar und kann nur bedingt theoretisch weitergegeben werden.

In den neunziger Jahren des letzten Jahrhunderts hörte ich während meiner Ausbildung zum Biographie-Berater zum ersten Mal von Spiegelungen. Ich war mir damals sicher, dass es mehr als lohnenswert ist, die sich dadurch erst anfänglich offenbarenden Möglichkeiten künftig weiter zu durchdringen und dadurch zu einem wertvollen und wichtigen Werkzeug für die Biographiearbeit auszugestalten. Heute kann ich nach vielen Jahren Forschungsarbeit sagen: Wann immer es möglich war, das Spiegelungsphänomen in die Biographiearbeit zu integrieren, trug dies dazu bei, dass Menschen sich mit ihrer Lebensgeschichte nicht abgeschnitten, nicht als unbedeutendes, dem Zufall anheimfallende Staubkörner im Weltall begreifen mussten, sondern sich auf ergreifende Weise mit dieser Welt verbunden wiederfanden. Spiegelungen können uns aufzeigen, dass wir unzweifelhaft neben unserem physischen Dasein auch seelisch in dieser Welt beheimatet sind, indem die Welt uns – unter gewissen Umständen – unser Tun und Lassen in zweifellos eindeutigen Bildern widerspiegelt. Diese zu bemerken bedarf es allerdings einer besonderen Achtsamkeit.

Es handelt sich dabei um eine Ereigniswelt, die mehr oder weniger unverschlüsselt ihr Geheimnis Preis gibt. Um Geheimnisse handelt es sich aber insofern, als wir uns, um an diesem Echo der uns umgebenden Welt teilhaben zu können, an gewisse Regeln halten müssen. Eine der Regeln dafür liegt darin, uns mit der Vorstellung vertraut zu machen, dass in jeder Biographie ein Entwicklungsweg zu sehen ist, der nach einem uns vorerst im Tagesbewusstsein noch unbekannten Plan zielvoll ausgerichtet ist. Diese Vorstellung möchte ich nicht in die Ecke esoterischer Spekulationen gerückt sehen, denn alle Aussagen in diesem Buch beruhen auf den Auswertungen meiner Erfahrungen aus der Einzel- und Gruppenarbeit sowie dem Austausch mit einer Vielzahl von Berufskolleginnen und Kollegen, die, über die ganze Welt verteilt, auf diesem Gebiet ebenfalls seit Jahren tätig sind. Dass diese Annahme eines unbewussten Plans, der unser Leben im Unbewussten anführt, immer noch in der Öffentlichkeit beargwöhnt wird, soll durch dieses Buch geändert werden. Die Erkenntnisse, die im Bereich der Biographiearbeit seit über 30 Jahren errungen wurden, sind in den entsprechenden Veröffentlichungen nachzulesen. Dazu verweise ich auch auf die am Ende des Buches genannten Veröffentlichungen einschließlich meines eigenen Werks über eine Verschränkung von Joseph Campbells Erkenntnissen aus der archetypischen Mythenforschung mit den Grundlagen der Biographiearbeit mit dem Titel *Helden für ein Leben*.

Nun aber wird es Zeit, dass wir uns direkt dem Thema dieses Buches zuwenden und mit der exemplarischen Schilderung einer Spiegelung beginnen. Vorwegnehmend sei gesagt, dass es immer die Geschichte, das Ereignis ist, was im Falle einer Spiegelung die Grundlage für jede weitere Erkenntnis auf diesem Gebiet liefert. Sich den Ereignissen anzuvertrauen ist die sicherste und bodenständigste Ausgangsposition, um das, was eine Spieglung in ihrem Innersten ausmacht, zu beschreiben. Ich werde in diesem Buch ganz bewusst viele der dargestellten

Beispiele aus meinem eigenen Leben wählen. Nicht etwa deshalb, weil es an Beispielen meiner Klienten fehlt, sondern weil ich die Umstände, die zu diesen Ereignissen führten und den daraus erfolgten Erkenntnisgewinn in allen Details selbst am besten kenne. Ich möchte aber ausdrücklich betonen, dass es neben den sich aneinanderreihenden Darstellungen des Gelingens auch in gleichem Maße tagtägliche Scharmützel des Versagens gegenüber den eigenen Ansprüchen gibt. Somit sehe ich meine Person keineswegs als ein nachahmenswertes Erfolgsmodell, das mit der Qualität des Alleskönners behaftet wäre.

Die sich aus dem persönlichen Erleben rekrutierenden Ausführungen wollen ledig deutlich machen, dass der Bezug auf Selbsterlebtes nicht der Selbstbeweihräucherung, sondern einer möglichst unverwässerten Erlebnisbeschreibung dienen soll. Wobei es sich ja auch nicht im Mindesten ausschließt, dass ich bei biographischen Beschreibungen von Erlebnissen meiner Klienten nach Strich und Faden angelogen werden könnte. Auch hier bin ich nicht der Hellsichtige, der nicht hie und da einem Menschen auf den Leim gehen könnte, der seine Erlebnisse seiner Stimmungslage entsprechend „aktualisiert". Wobei in Respekt vor der latenten Wankelmütigkeit der Erinnerung eine gewisse Vorsicht walten muss, was den willentlichen Vorsatz einer Lüge oder einer unbewussten „Aktualisierung" angeht, wie ich das intuitive Anpassen von Erlebnissen, die dem jeweiligen Gemützustand des Klienten entsprechen, gerne bezeichne. Mit Recht richten wir bei unserer Begegnung mit den Menschen, die sich uns anvertrauen, die volle Aufmerksamkeit auf die jeweiligen Ereignisse, von denen sie zu berichten wissen. Wir gehen dabei davon aus, dass sich diese Ereignisse unter diesen oder jenen Umständen wirklich zugetragen haben. Jeder Mensch trägt bei diesen Schilderungen das vor, was er für seine ureigene Wahrheit hält. Diese Wahrheit unterscheidet sich von einer vermeintlich objektiven Wirklichkeit dadurch, dass sie durchsetzt ist vom individuellen Erfahrungs- und Vorstellungsbereich des jeweiligen Erzählers oder der Erzählerin. Die Wahrheit wird somit individualisiert. Einer objektiven Wirklichkeit ist mit dieser individualisierten Wahrheit nur schwer beizukommen.

Ich möchte hier nur an die Problematik erinnern, in der sich ein Richter wiederfindet, der zwei Zeugen zu *einem* Vorfall befragt. So kann es leicht passieren, dass die felsenfeste Behauptung des einen Zeugen, dass die Jacke des Täters blau war, unversöhnlich der Behauptung des andern Zeugen gegenübersteht, der unter Eid aussagen würde, dass sie rot war. Der Richter kann von Glück sagen, wenn es sich dabei nur um zwei Zeugen handelt, denn es ist durchaus möglich, dass sich bei jedem weiteren Zeugen noch weitere Farben, wenn nicht sogar weitere Veränderungen des Tathergangs herausstellen. Biographieberaterinnen und -berater müssen sich an vorgenanntem Umstand bei ihrer Arbeit nicht wirklich stören. Es ist eben nicht die Aufgabe, eine absolute Wahrheit zu ergründen, denn das, was sich tatsächlich ereignet hat, bleibt ohnehin ins Gedächtnis der Welt eingeschrieben. Die Wirkung eines Ereignisses auf die jeweilige Biographie dagegen zeigt sich in der Entwicklungsmöglichkeit des Individuums.

Es wäre völlig sinnlos, wenn Biographieberatung ihre Aufgabe darin sehen würde, dem oder der zu Beratenden nur *die eine Wirklichkeit* der zu erinnernden Ereignisse zu entlocken.

Das Ereignis, *so wie es erinnert wird*, ist unsere Arbeitsgrundlage. Einwände unseres Gegenübers, dass man sich nicht so recht sicher ist, ob das, was erzählt wird, sich auch genauso ereignet hat, gilt es zu zerstreuen. „So wie es erinnert wird" – das ist eben jene Wahrheit, wie sie zwischenzeitlich bei dem Klienten oder der Klientin Gestalt angenommen hat, und diese ist für unsere Arbeit relevant.

Ich bitte dabei die Leserinnen und Leser lediglich um einen zeitbegrenzten Vertrauensvorschuss, was die Nachprüfbarkeit meiner eigenen biographischen Erlebnisse und der daraus resultierenden Erkenntnisse angeht. Es wird auf Grund der Darstellungen in diesem Buch möglich sein, durch eine besondere Vorgehensweise das von mir geschilderte Phänomen der Spiegelung auch und gerade für den individuellen Erlebnishorizont erfahrbar zu machen. Es ist das Leben selbst, dass in jeder Beziehung dieser Prüfung standhält. Alle weiteren Beispiele aus dem Leben meiner Klientinnen und Klienten sind selbstverständlich dadurch geschützt, dass Namen und Orte von mir verändert worden sind.

Mein Vater, Ingenieur Henschel und ich

Es war in meinem zehnten Lebensjahr, als Vater mich in seinen Betrieb mitnahm. Betrieb nannte er seinen Arbeitsplatz nur, wenn er gut gelaunt war. Bei anderen Gelegenheiten, und diese waren nicht selten, nannte er die Firma die „Knochenmühle". Für mich als Zehnjährigen immer wieder ein abschreckendes Bild, das ich in seiner eigentlichen Dimension in jener Zeit aber nicht erfassen konnte. Einen Aspekt davon konnte ich jedoch erleben, wenn ich früh morgens zur Toilette musste und ich meinen Vater in dieser grauen Stunde vor Sonnenaufgang in der von einer Neonröhre ausgeleuchteten Küche sitzen sah, allein im inneren Zwiegespräch mit seiner Tasse Kaffee und der obligatorischen Selbstgedrehten. Ein oft scheues „n' Morgen!" und schon schlüpfte ich wieder unter die warme Zudecke, unter der ich dann noch eine weitere Stunde zubringen durfte, bis mich meine Mutter dann zur Schule scheuchte.

Umso abenteuerlicher erschien mir nun die Aussicht, mit eigenen Augen jene geheimnisvolle, mir bisher vorenthaltene Welt kennenzulernen, in die sich mein Vater frühmorgens zurückzog und von wo er kaum je vor Einbruch der Dunkelheit zurückkam. Selten brachte er von dort aus etwas Gutes mit nach Hause, mit Ausnahme der Stahlkugeln, die er für mich aus verschlissenen Kugellagern brach und die mich zum ungekrönten Klickerspieler der Straße machten. Die Arbeitswelt meines Vaters war mir bis dahin rätselhaft und verschlossen erschienen.

Dann hatte er sich bei einem Unfall mit seinem Motorrad, einer 98er Miele, einen Arm gebrochen und musste aus einem mir unbekannten Grund, obwohl er krankgeschrieben war, beim Meister vorsprechen. Er nutzte die Gelegenheit, um mir – offenbar doch nicht ganz ohne Stolz – diesen ungeliebten Arbeitsplatz zu zeigen. Es handelte sich um eine Firma, die auf den Guss von Heizungs-Radiatoren spezialisiert war. Eine Welt von Funken sprühendem, flüssigem Stahl und einer mir bedrohlich erscheinenden, überdimensionierten Mechanik. Darin hatte mein Vater seinen Platz und bediente eine für meine damaligen Begriffe gigantische Bohrmaschine. Dort angekommen setzte er den mit Bohrwasser gekühlten Bohrer auf ein Werkstück und ließ ihn in den Stahl gleiten wie durch Butter. Danach zeigte er mir die Gießerei: riesige, schmutzbraune Hochöfen und eine Hitze, die sich bis in die Lungenspitzen ausbreitete. All das durfte ich als Junge nur aus einem gewissen Sicherheitsabstand anschauen, in einem verhältnismäßig von Schmutz und Hitze geschütztem Bereich. Ich war tief beeindruckt, nun endlich einen handfesten Eindruck der Welt bekommen zu haben, in die mein Vater jeden Tag im Morgengrauen verschwand.

Die Schwelle zur VIP-Kantine

Nach dem Besuch bei Meister Überle (Vater nannte ihn immer den „Alten") in dessen Büro, das wie eine Art Hochsitz an einem Ende der Fabrikhalle hoch über den Köpfen der Arbeiter installiert war, gingen wir beide in die Betriebskantine zum Mittagessen. Die Kantine war eine weißgekachelte Halle von gigantischen Ausmaßen, mit Tischen und Stühlen angefüllt, an denen Menschen in Arbeitskleidung ihr Essen einnahmen.

Ein Raum, wie ich ihn nur vom Hallenbad her kannte. In einer der Ecken gab es eine geschlossene Tür, von deren dahinterliegenden Raum mein Vater in Ehrfurcht sagte, dass da die Ingenieure essen würden und im Besonderen Ingenieur Henschel. Diesen Namen kannte ich bereits aus seinen Erzählungen und verband ihn durch die Art und Weise, wie Vater von ihm sprach, mit einer unantastbaren Respektsperson – es war eben der höchste Chef meines Vaters, der ihn, den angelernten Arbeiter – wenn überhaupt – nur im „Vorbeirauschen" wahrnahm. Er schien mir eine Art Halbgott, der sich ab und zu herabließ, um auf dieser Erde nach dem Rechten zu sehen. Seinen Anweisungen, die sich nie direkt an einen Arbeiter richteten, sondern immer nur über Vorarbeiter und Meister Überle übermittelt wurden, war widerspruchslos Folge zu leisten. Die besagte Tür erschien mir wie eine Schwelle der Verheißung, denn wer es dort hineingeschafft hatte, musste wohl zu den glücklichsten Menschen auf Erden zählen und eines war klar: mein Vater gehörte nicht zu ihnen. Einerseits zog es mich dorthin, indem ich Phantasien entwickelte, wie und was man dort mittags zu sich nahm und welche folgenschweren Absprachen für die Firma und damit für die gesamte Welt dort im Geheimen getroffen wurden. Andererseits war mir klar, dass ich noch Lichtjahre von diesem geheimnisvollen Ort entfernt war.

In unserer Familie ging das Gespenst des sogenannten proletarischen Bewusstseins um, an dem es mir immer mangelte. Später, Ende der sechziger Jahre, sollte das bei meinen linken Studienkollegen einige Male zu einer harschen Kritik über meinen Verrat gegenüber meiner Herkunft führen, weil ich mich – wie sie meinten – an bürgerlichen Werten berauschte. Ich wäre doch ein Beispiel dafür, wie man sich aus der proletarischen Klasse nach oben arbeiten und es bis zu einem Studienplatz bringen könnte. Das sagten meist die, die kein Bafög beantragen mussten und sich zu Hause jener bürgerlichen Werte erfreuen durften, die ich mir hart erarbeiten musste, um ihr Kauderwelsch wenigstens einigermaßen zu verstehen. Trotzdem war, bei aller Scheu, die ich vor dieser Fremdheit verspürte, der Reiz stark, dieses Reich eines Tages zu erobern, denn ich war mir sicher, dass ich in dieses „Hallenbad" mit seinen Stahltischen und unbequemen Stühlen, dem lautstarken babylonischen Sprachgewirr der das Essen in sich hineinstopfenden Blaumänner und diesem Salat, dem der Essig fehlte und der dafür mit Zucker angemacht war, nicht hingehörte. Heute sehe ich ein: Die Kommilitonen hatten Recht. Schon hier war offensichtlich in meiner Biographie vorherbestimmt, dass ich zwar als Proletarier geboren wurde, aber immer ein Fremder in diesem mir fremden Land bleiben würde.

Offenbar blickte mein Vater dann irgendwann, als die „Knochenmühle" unübersehbar ihre Spuren an Körper und Seele bei ihm hinterlassen hatte, hinter den Anachronismus des Klassenbewusstseins und gab mir den Rat: „Junge, pass in deinem Leben auf, dass du dir deine Finger nicht schmutzig machst".

Design oder Nichtsein – meine Versuche, beruflich Fuß zu fassen

Gegen viele Widerstände gelang es mir, mich dann auch letztendlich nahezu von jeglicher Schmutzarbeit fernzuhalten. Ich studierte Grafikdesign und fand einen Weg, in einen künstlerischen Beruf zu emigrieren.

Wir schreiben nun das Jahr 1982 und befinden uns somit 22 Jahre nach dem vorgenannten Ereignis. Ich war nach Jahren des Ausprobierens nun endgültig entschlossen, mich in der Werbebranche zu versuchen, was, wenn man damit Ernst machen wollte, auch bedeutete, ein eigenes Studio zu besitzen. Die Mittel waren wie immer knapp und so war es eine wunderbare Nachricht, als ein Kollege, der als Fotograf arbeitete, mich in sein neues Studio einlud, das er für seine oft mit gigantischen Kulissen ausgestatteten Werbefotos gemietet hatte. Es sei dort noch ein Raum frei, den ich anteilig mieten könnte. Bei unserer ersten Fahrt dorthin bemerkte ich erst als wir fast angekommen waren, dass uns diese Fahrt ganz in die Nähe der früheren Arbeitsstätte meines Vaters geführt hatte. Mein Vater hatte unausweichlich zu den Entlassenen gehört, als diese Firma bereits vor Jahren in Konkurs gegangen war. Wie ich nun sah, war die Gießerei inzwischen abgerissen und die ehemaligen Fertigungshallen wurden an kleinere Firmen vermietet. Die Halle, die mein Kollege gemietet hatte, war zu meiner Überraschung ausgerechnet die von mir vor Jahren mit meinem Vater besuchte Betriebskantine! Wir stiegen gemeinsam die ausladend breite Treppe ins Obergeschoss empor und traten in den immer noch weiß gekachelten, nun jedoch völlig leeren Speisesaal.

Zurück aus der Zukunft

Und dann sah ich uns urplötzlich dort sitzen – mich und meinen Vater – an jenem Tag vor 22 Jahren. Und im Nachhinein war es für mich verwunderlich, dass es mir im Gegensatz zu anderen Umgebungen meiner Kindheit, die ich in späteren Jahren besuchte, hier keineswegs so vorkam, als ob diese Halle kleiner geworden und mit meinem Wachstum geschrumpft wäre. Im Gegenteil, ich war fast erschrocken von der Größe und sagte zu meinem Kollegen: „Na, und wie sieht das im Winter aus? Wird da im Pelzmantel fotografiert?" Sehr sinnig angesichts seines Vorhabens, in diesen Räumlichkeiten demnächst Bilder für den *Playboy* zu machen.

Als er mir den Raum zeigte, der zu mieten war, war ich eigentlich nicht mehr allzu sehr davon überrascht, dass es sich um jene VIP-Kantine handelte, die einst den Ingenieuren und Abteilungsleitern vorbehalten war. Ich trat, ohne dass es mir nun jemand verwehrte, ins Allerheiligste ein. In einen Raum, der sich lediglich dadurch auszeichnete, dass sich in ihm eine verblichene Auslegeware – ein schmutzig blauer Teppichboden – befand, über den ich augenblicklich das Urteil sprach, ihn bei nächster Gelegenheit ersetzen zu wollen.

Mein Kollege sagte mir, er hätte ein Treffen mit dem Vermieter vereinbart, damit man sich gleich vor Ort kennenlernen könnte und klar wäre, wer hier ein- und ausgeht. Der Vermieter kam auch kurz darauf, ein stilvoll gekleideter älterer Herr, und stellt sich mir als Herr Henschel vor. Ich verbrachte einige Minuten mit Smalltalk, um mir meine Überraschung nicht anmerken zu lassen. Dann fragte ich ihn, ob er hier vor Jahren, als die Firma noch bestanden hatte, als Ingenieur beschäftigt war. Was er mir bestätigte. Er sei nun Pensionär und könnte sich von seinem alten Revier nicht so leicht verabschieden. Sein Posten als Verwalter dieses Geländes würde ihn sehr beanspruchen und als „nichtsnutziger Rentner" würde er sich ohnehin nicht eignen.

Ich habe dann an diesem Ort viele Jahre gearbeitet – immer wieder auch mit der Erinnerung an den Tag, an dem mein Vater mich in diese Betriebskantine mitnahm.

Eine Geschichte, die mich und wohl auch Sie, geneigte Leserinnen und Leser, staunen lässt. Ein erstes Beispiel für das, was wir in diesem Buch untersuchen wollen – weil dies weit mehr als eine Geschichte ist, die uns bloß staunend zurücklässt. Dass es damit noch einiges mehr auf sich hat, liegt unter anderem in den physischen, seelischen und geistigen Gesetzmäßigkeiten, die unserem Lebenslauf zu Grunde liegen. Diese Gesetzmäßigkeiten schaffen die Möglichkeit, mehr Verständnis für derartige Erfahrungen zu erlangen, die wir sonst eher leugnen, um uns auf die bequeme Position zurückzuziehen, dass es sich hier doch wohl um einen Zufall handeln müsse. Diese Unterstellung von Zufall schützt uns und war schon immer eine Trutzburg gegenüber neuem Denken. Wer neue Gedanken zu denken wagt, begibt sich immer auf dünnes Eis. Es fehlt dann die Erfahrung von bereits Erlebtem. Geschichten wie die Vorgenannte fallen aus dem Gewohnten heraus und geraten leicht in die Gefahr der Stigmatisierung durch das Unerklärbare. In der Praxis der Biographieberatung ist das Vorhandensein von Spiegelungen im Lebenslauf eines Menschen indessen nichts Ungewöhnliches, für die Klienten aber oft eine ebenso faszinierende wie manchmal auch erschütternde Offenbarung.

Wie ungeheuer variantenreich und manchmal schon fast bizarr diese Verknüpfungen verschiedenster Lebensereignisse sein können und welche Botschaften sie enthalten, wird Inhalt dieses Buches sein.

Ein erster Schritt dazu ist folgende Betrachtung. Für eine Spiegelung müssen folgende Voraussetzungen gegeben sein:

Wir brauchen mindestens zwei Ereignisse, die in einem mehr oder weniger ersichtlichen Zusammenhang stehen. Dieser Zusammenhang kann auch vorerst lediglich auf einer Ahnung beruhen. Des Weiteren braucht es eine *Spiegelungsachse*, die in diesem Falle das 21. Lebensjahr wäre. Das erste Ereignis liegt elf Jahre vor dem 21. Lebensjahr, so wie das zweite elf Jahre nach dem 21. Lebensjahr liegt.

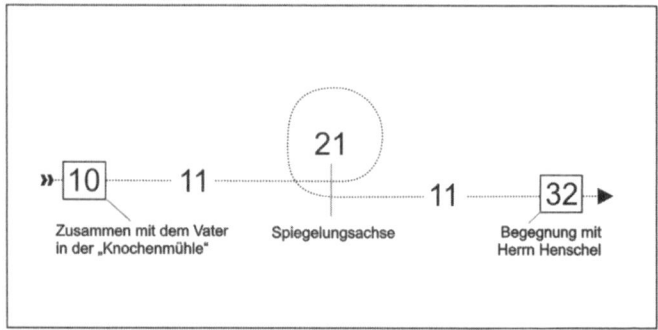

Das 21. Lebensjahr ist ganz allgemein insofern ein Wendepunkt in unserer Biographie, als aus den Erkenntnissen der Biographiearbeit heraus sich von diesem Zeitpunkt an die Möglichkeit ergibt, mit seinem nun erhöhten Ichbewusstsein den Weg zu einer individuellen Ausgestaltung eines künftigen, verantwortungsvollen Erwachsenendaseins zu finden. Das 21. Lebensjahr ist somit eines der ersten wesentlichen Schwellenjahre. Es drängt uns einerseits, unser Leben zu bewältigen und auszugestalten, konfrontiert uns anderseits aber auch mit einer gewissen Scheu, was das Erwachsenwerden angeht. Wir werden uns mit diesem und anderen Schwellenjahren als Spiegelungsmittelpunkte im Laufe unserer Betrachtungen noch genauer beschäftigen. Doch zuvor möchte ich das Augenmerk vom individuellen Erlebnis hin zu den allgemeinen Gesetzmäßigkeiten lenken.

„Schwellenjahre" im menschlichen Lebenslauf

Einen ersten Hinweis auf das Phänomen der Spiegelung finden wir bei der deutsch-brasilianischen Ärztin Gudrun Burkhard. In ihrem Buch von 1982 *Das Leben in die Hand nehmen* wird zum ersten Mal in der Literatur der Begriff der biographischen Spiegelung erwähnt. Es handelt sich hier vorerst noch um deutlich definierte Zeitabschnitte in der allgemeinen biographischen Entwicklung des Menschen, in denen einige erste Erscheinungsformen von Spiegelung erkannt und benannt wurden. Es sind anfänglich noch keine personenbezogenen Spiegelungen wie im vorgenannten Beispiel genannt, sondern es wird lediglich ein Hinweis auf Gesetzmäßigkeiten im kollektiven biographischen Erleben jedes Menschen gegeben. Es sind Regelwerke, die gewisse Ankerpunkte zur Verfügung stellen sollen, die dann allerdings auch für individuelle Betrachtungen eines Lebenszeitraums wertvolle Hinweise auf biographische Entwicklungsschritte geben können.

In ihrem oben genannten Buch teilt die Autorin das Leben in Siebenerjahresschritte ein. Wir finden hier zum ersten Mal aus dem Blickwinkel des anthroposophischen Menschenbildes ein biographisch-rhythmisches Zeitraster, das bis heute – unter manchen anderen – als eine schematische Grundlage zum Erkennen von Gesetzmäßigkeiten in der Biographiearbeit dient.

Als solche Gesetzmäßigkeiten sind beispielhaft in der Zeit zwischen der Geburt und dem siebten Lebensjahr das Erlernen des aufrechten Ganges, des Sprachvermögens oder auch die Trotzphase zu nennen.

Im zweiten Jahrsiebt, zwischen dem siebten und dem 14. Lebensjahr, sind es zum Beispiel die Schulreife, ein sich ausbildendes Denken und Vorstellungsvermögen sowie ein Infragestellen der Inhalte elterlicher und schulischer Erziehung gegen Ende des Jahrsiebtes.

Dies bedeutet nicht, dass die jeweilige Jahrsiebtschwelle eine feste Grenze für die jeweilig zugehörigen Gesetzmäßigkeiten markiert. Es handelt sich hier um eine Möglichkeit, den menschlichen Lebenslauf in ein hilfreiches Schema zu bringen, das dem Grundsatz heiligt, in seiner Gesetzmäßigkeit mehr dem Sowohl-als-auch als dem Entweder-oder zu entsprechen, ohne in eine wild wuchernde Beliebigkeit zu geraten. Es stellt ein Denkgerüst dar, das in seiner individuellen Ausgestaltung jedweden Spielraum für Gegensätzlichkeiten und persönliche Ausgestaltung lässt, insbesondere dann, wenn auf Grund äußerlicher Umstände gewisse, aus den allgemeinen Gesetzmäßigkeiten heraus „geforderte" Lebensumstände, nicht gegeben sind. Auch ein „Nachholen" oder ein „Aufschieben" von Entwicklungsschritten ist möglich. Diese Aufholarbeit kann in späteren Jahren Thema einer Biographiearbeit mit einer Biographieberaterin oder einem Biographieberater sein.

Über die offensichtlich physischen Tatsachen hinaus, die dieser Betrachtung zu Grunde liegen, zeigt sich im Laufe des Lebens die Wichtigkeit einer in ihrer Wertigkeit immer bedeutsamer werdenden seelischen Entwicklung, die ebenfalls einer Gesetzmäßigkeit unterliegt. Dass kollektive seelische Gesetzmäßigkeiten ebenso wie Physische unser Leben nicht unerheblich beeinflussen, dem wird in der Biographiearbeit eine besondere Bedeutung beigemessen.

Andererseits deutet die Lebensrealität in den letzten Jahrzehnten darauf hin, dass sich seit Burkhards Ausführungen in den frühen achtziger Jahren des 20. Jahrhunderts vieles in den Entwicklungsphasen, besonders in den ersten Jahrsiebten des Lebens, verkürzt zu haben scheint. So gilt in Burkhards Buch etwa der Zahnwechsel als Hinweis dafür, dass der Mensch in seinem zu Ende gehenden ersten Jahrsiebt einen wesentlichen Entwicklungsschritt vollzogen hat. Dass dieser Zahnwechsel heutzutage bei Kindern manchmal bereits mit dem fünften Lebensjahr beginnt, dass die Pubertät schon lange nicht mehr bereit ist, das 14. Lebensjahr abzuwarten und dass die Schwelle hin zum Erwachsensein nicht mehr deutlich ab dem 21. Lebensjahr zu verorten ist, ist neben so manchem anderen der Grund, warum ich in meinem Buch *Helden für ein Leben* darauf hinweise, dass es neben der gängigen Jahrsiebteinteilung – ergänzend dem zur Seite gestellt – auch eine durchaus begründete „Jahrsechsteinteilung" gibt.

Ich möchte hier nicht weiter auf diese Einteilung der Jahrsiebte oder Jahrsechste eingehen, da eine Vielzahl von Veröffentlichungen über Jahresrhythmen und die sich daraus ergebenden Gesetzmäßigkeiten in der Biographie des Menschen erschienen sind. Wir werden uns zunächst auf der Grundlage des Siebenerrhythmus bewegen, um uns im Laufe der Zeit davon durch die Feststellung zu verabschieden, dass sich der Mensch durch individuelle Ausgestaltung seines Lebenslaufes diesen „ehernen" Gesetzmäßigkeiten mit einem für ihn und seine Entwicklung selbstbestimmten Rhythmus entgegenstellen kann. Ein so entwickelter Lebenswille kann auf der Suche nach individueller und verantwortungsvoller Sinnhaftigkeit immer mehr und mehr in Einklang mit seiner Lebensmission kommen und aus dem Gegebenen jene Kräfte ableiten, die seiner Lebensaufgabe nahestehen.

Eine überbordende, jegliche Gesetzmäßigkeiten vernach-
lässigende Obsession nach individueller Freiheit kann in
Selbstüberschätzung und Selbstzweifel führen. Geschieht dies,
kann eine Rückbesinnung auf stützende, naturgegebene Le-
benskräfte, wie sie eben in den jeweiligen Siebenerphasen zur
Verfügung gestellt werden, heilende Wirkung ausstrahlen,
insbesondere was die rhythmisierenden, kräftigenden Lebens-
zusammenhänge angeht.

Spiegelungen der Jahrsiebte um das 21. Lebensjahr

Schauen wir uns an, was die folgenden Betrachtungen über sechs Jahrsiebte im Einzelnen als kollektive Gesetzmäßigkeiten enthalten und stellen wir sie mit einer Spiegelungsachse um das 21. Lebensjahr sich selbst gegenüber.

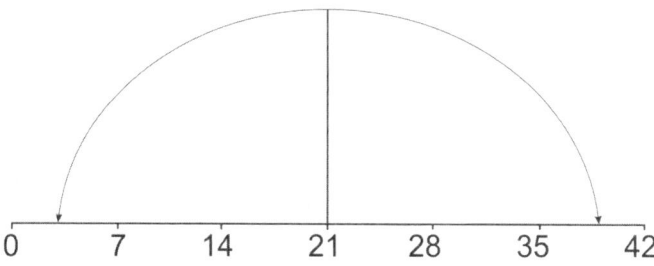

Spiegelung des ersten und sechsten Jahrsiebtes:
0 bis 7 ← → 35 bis 42 Jahre

Das *erste Jahrsiebt* steht ganz unter dem Vorzeichen, uns aus der totalen Abhängigkeit von den Eltern zu befreien. Wir machen uns den aufrechten Gang zu eigen, lernen Sprechen und Denken und erobern uns damit den Raum und ein soziales Umfeld. Wesentlich dabei ist, dass uns die Umgebung, in der wir als Kinder aufwachsen, die Möglichkeit lässt, diese Entwicklungsschritte „kindgemäß" zu tun, denn als Kinder sind wir unaufhaltsam an unserer Eroberung der Welt tätig. Im ersten Jahrsiebt und besonders in den ersten drei Jahren ist eine spielerische, von Zwecken ungebundene Begegnung mit der Welt stärkend. Alle Sinne sind angesprochen, alles will ergriffen, erlaufen und erschmeckt werden.

Wo einerseits größtmögliche Freiheit im eigenen Erleben nötig erscheint, ist andererseits ein fester rhythmischer Tagesablauf stärkend. Essenzeiten, Spielzeiten und die Zeit, zu Bett zu gehen, sollten sich möglichst jeden Tag gleichmäßig ablösen. Eine stabile Welt ist eine gute Welt für das Kind. Eine Vorstellungswelt, die sich mit Künftigem auseinandersetzt, ist erst rudimentär vorhanden, da Phantasie auch immer bereits eine Vorstellung von erinnernder Vergangenheit bedingt, aus der heraus das Künftige geboren werden kann. Wenn also nur wenig Lebenserfahrung vorhanden ist, ist das heute bei vielen Eltern verbreitete ständige Fragen, was das Kind will und was es sich wünscht, eine permanente Überforderung.

0 bis 7 ←→ **35 bis 42** Jahre: „Soll das nun alles gewesen sein?"

Tief in unserem Innern wird im *sechsten Jahrsiebt* eine Frage ihren Weg ins Bewusstsein finden, die sich bei allen möglichen individuellen Ausformungen letztendlich auf die Frage zurückführen lässt: „Soll das nun alles gewesen sein?"

Ein wenig früh, werden hier einige sagen. Und tatsächlich merken viele zu diesem Zeitpunkt noch nichts von diesem inneren Rumoren, da sie weiter damit beschäftigt sind, das zweite oder dritte Haus zu bauen. Es sind einige Stufen auf der Karriereleiter erklommen worden und womöglich ist auch ihr Ende bereits in Sicht. Der Weg ist meist geebnet und es tut sich kein unbekannter Horizont mehr auf, den man überspringen könnte, um nachzuschauen, was hinter der nächsten Bergkette noch auf uns wartet. Solange man im Materiellen bleibt und weiterhin glaubt, immer mehr Güter anhäufen zu müssen, um sich durch Besitz zu definieren, wird man bei einem beständigen Überhören dieser für diesen Lebensabschnitt charakteristischen Fragen nach dem Sinn des Lebens die Ursache für eine spätere heftige Midlife-Crisis finden. Mit 37 Jahren und drei Monaten treten wir vor die Schwelle des zweiten Mondknotens. Dieser zweite Mondknoten enthält die Mahnung, unseren Auftrag, den wir vielleicht im Materiellen bereits erfüllt haben, nun auf einer geistig-seelischen Ebene in der Begegnung mit anderen im sozialen Miteinander weiterzuentwickeln.

Zusammenfassend: „Das sichere Nest" …

Alles, was uns im *ersten Jahrsiebt* von der äußeren Umwelt und dem Elternhaus angeboten wird, saugen wir wie ein Schwamm auf. Wir nehmen die Dinge, wie sie uns geboten werden, zumindest in den ersten Jahren noch kritiklos an. Ein Aufbegehren gegenüber erzieherischen Verhaltenmustern ist lediglich in Form von Trotzverhalten möglich, das aber noch keine individuellen Alternativen im eigenen Verhalten aufzeigen kann.

Insofern ist das vorgegebene Verhaltensmuster der Familie die Richtschnur für das soziale Miteinander und Grundlage für unsere weitere Entwicklung.

Über die Familie hinaus gibt es ein weiteres traditionelles Verhältnis zu beachten. Nämlich das, was wir aus dem Vorgeburtlichen als Lebensplan mitgebracht haben. Dieses Marschgepäck speist sich aus einer Sehnsucht heraus, das Vergangene im Laufe des Lebens zu meiner individuellen Lebensaufgabe in ein gesundes Verhältnis zu stellen.

… spiegelt sich mit einer Lebenszeit, die man „Auf der Suche nach einem sinnvollen Leben" bezeichnen kann:

Nachdem er in den vorangegangenen Lebensjahren in der äußeren Welt seine Spuren hinterlassen konnte, wird jedem Menschen im sechsten Jahrsiebt abverlangt, sich nun mit seiner inneren Welt auseinanderzusetzen. Als Metapher kann uns hier der biblische Mythos von Jonas und dem Wal dienen. Jonas flieht vor Gottes Wunsch, Botschafter einer fatalen Nachricht zu sein. Die Flucht vor seiner Bestimmung endet im Bauch eines Walfisches. In dieser hermetischen Abgeschlossenheit findet eine unausweichliche Konfrontation mit sich selbst statt. Diese führt dazu, dass er den Mut findet, sich einer für ihn bisher unvorstellbaren Aufgabe zu widmen und diese letztendlich erfolgreich zu Ende zu führen. Denn trotz aller Hilfe, die uns von außen entgegenkommen kann, fasst man einen wirklich neuen Entschluss für sein Leben und die daraus erwachsenden Konsequenzen immer für sich allein.

Wenn wir weiterhin alles kritiklos auf uns einströmen ließen, würden wir überflutet von allem, was diese beunruhigenden und somit meist zur Unzeit auftauchenden, unbequemen Fragen nach dem Sinn des Daseins verdrängen will. Offen für Neues sein heißt in diesem Falle, Raum zu lassen für ein neues Denken. Dieses wird sich vielleicht auch der Werte besinnen, die einst als Grundlage dazu dienten, die Welt aus den Angeln heben zu wollen, die aber nun mit einer anderen Weitsicht von Verantwortung getragen ihren Platz in der Welt finden können – insofern wir zwischenzeitlich mit allen damit verbundenen Geburtswehen erwachsen geworden sind.

Innere Aufmerksamkeit –
äußerer Zwiespalt

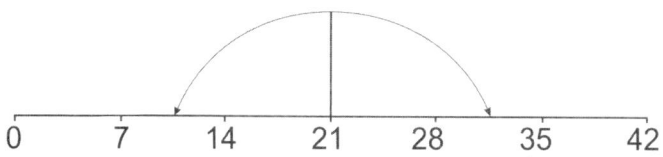

Spiegelung des zweiten und fünften Jahrsiebts:
7 bis 14 ← → **28** bis 35 Jahre

Wenn das Kind meist kurz vor Beginn des zweiten Jahrsiebtes (vom siebten bis 14. Jahr) in die Schule kommt, ist der erweiterte Raum, den es nun betritt, von der Hoffnung erfüllt, weitere Menschen kennenzulernen, die es ihm nun ermöglichen, eine immer größere Selbstständigkeit zu erreichen. „Ich danke dir, dass du dich mir anvertraust" – dies sollte das Credo einer jeden Lehrerin und eines jeden Lehrers sein, hat der Pädagoge Henning Köhler in einem seiner Vorträge gesagt.

Es geht dabei nicht darum, Lehrpersonen ein heiligmäßiges Verhalten abzuverlangen, sondern um das Bemühen, das bei einem Kind zu entwickelnde Vertrauen in die Welt so wenig wie möglich zu enttäuschen. Dann wird für das Empfinden des Kindes die Welt schön sein. Der Begriff der Schönheit unterliegt für das Kind zu dieser Zeit noch keinen festen Kriterien. Schön ist, dass etwas da ist. Was es darstellt, welcher Formenwelt, welchem Material es zugeordnet ist, spielt kaum eine Rolle. Wie ratlos steht man oft vor einem Spielzeug, das für das eigene Empfinden unansehnlich, vielleicht sogar hässlich aussieht und unverständlicherweise gerade das ist, was das Kind am meisten benutzt oder gar liebt – weil es genau dies eben als „schön" empfindet.

Diese Form von Schönheit ist ebenso mit einer stillen Sehnsucht verbunden, die im besten Fall durch die Begegnung mit Kultur und Kunst gestillt wird. Auch hier tragen die Erziehenden und die Eltern die Verantwortung für die dem Kind angeboten Inhalte, Formen und Materialien.

7 bis 14 ←→ **28 bis 35** Jahre: Das Haus – Der Baum – Das Kind

Bis ungefähr zu unserem 35. Lebensjahr ist es uns gestattet, ohne Reue die sieben Meere des materiellen Lebens zu überqueren. Das Bild, wonach in dieser Zeit das Haus gebaut, der Baum gepflanzt und die Nachkommenschaft gezeugt wird, ist auch heute noch mehr als nur eine verbrauchte Metapher. Bei aller scheinbaren Ungebundenheit, die angestrebt wird, bildet sie immer noch ein erstrebenswertes Ziel für die Mehrzahl der Menschen.

Es gilt sich auf diesem Planeten einzurichten. Doch wer glaubt, hier auf Althergebrachtes zurückgreifen zu können, den bestraft die Zeit. Auch Partnerschaften, die vielleicht zu Beginn mehr von Projektionen und Wunschvorstellungen gegenüber dem anderen getragen worden sind, stehen in diesem Lebensabschnitt auf dem Prüfstein. Es wird unzweifelhaft deutlich, dass auch die bisher gepflegte Verbundenheit zu einer neuen Form hindrängt. Denn jeder Beteiligte eines Paares trägt ein Marschgepäck aus seiner Kindheit und Jugendzeit auf dem Rücken. Und alles, was dieses Marschgepäck umfasst, ist für denjenigen, der es trägt, wertvoll und richtig. Zwei Menschen, die bisher zusammengelebt haben, packen diese Inhalte aus, und nun muss die Summe dieser Inhalte mehr werden als der Inhalt des Einzelnen. Wer darauf beharrt, dass das, was er mit sich trägt, wertvoller und „richtiger" ist als das, was der andere hat, wird in dem anderen einen Widerstand gegen das fremde Mitgebrachte erzeugen und obendrein das Eigene noch wertvoller erscheinen lassen.

Wer jetzt noch nicht den „Abflug" von zu Hause gemacht hat, egal ob mit oder ohne Partner, läuft Gefahr, dies in Zukunft nur noch unter großen Widerständen zu schaffen. Der Individualist ist kein exotischer Außenseiter, wie er gerne von der Gesellschaft gebrandmarkt wird. Der Individualist ist gerade jemand, der im Beruflichen und Sozialen eigene Weg geht, ohne verbrannte Erde hinter sich zurückzulassen. Innovativ sein heißt nicht, „ausgeflippte" Ideen zu Tage zu fördern, sondern sie auch zu verwirklichen. Bei dieser Verwirklichung zeigt sich immer sehr schnell, wie „ausgeflippt" diese Ideen sind. Neues wird immer argwöhnisch betrachtet und als undurchführbar bezeichnet, nur weil es die Ruhe stört. Das, was wir im zweiten Jahrsiebt noch erprobt haben, schreit nun förmlich nach persönlich ausgeprägter Gestaltung.

Der Lebensabschnitt „*Innere Aufmerksamkeit –*
Die Welt kommt mir entgegen" …

Zwischen sieben und 14 Jahren verlasse ich das Nest meiner Geburt, indem ich mich einer Vielzahl von Menschen gegenübergestellt sehe, die mir nun über das Umfeld meiner Ursprungsfamilie hinaus entgegentreten. Ich bin dennoch weiterhin eingebunden in die soziale Wirklichkeit meiner Familie und vertrete in den meisten Fällen noch keine Meinung, die sich an der Lebenswirklichkeit messen lässt. Ich glaube alles zu wissen und habe noch von nichts eine Ahnung. Dieser Übergang hin zur Pubertät kann so zu einem für den Jugendlichen überwältigenden, brodelnden Chaos werden, dass sich in einem Wildwuchs von Denken, Gefühl und Wille ausdrückt.

… spiegelt sich mit: *„Äußerer Zwiespalt – Wie begegne ich der Welt?"*

Inwieweit bin ich ab dem 28. Lebensjahr in der Lage, eigene Positionen gegenüber der Welt zu vertreten? Habe ich das Elternhaus insofern hinter mir gelassen, dass ich anfangen kann, meiner Lebensaufgabe mit den für mich passenden Verhaltensregeln entgegenzutreten?

Darüber hinaus gilt es jetzt auch, das Zuhören zu kultivieren, indem ich das „Du" des anderen in seinem Ureigensein anerkenne. Zur äußeren Welt gehört auch in der Partnerschaft, dem „Sosein" des Anderen in vollem Umfang respektvoll entgegenzutreten. Jeder Mensch, der mir begegnet, ist eine Herausforderung, indem er mir als Repräsentant der äußeren Welt entgegentritt.

Wahrheit auf der Suche nach Wirklichkeit

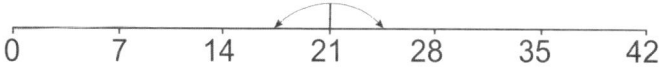

0   7   14   21   28   35   42

Spiegelung des dritten und vierten Jahrsiebtes:
14 bis 21 ← → 21 bis 28 Jahre

Die Zeit der Pubertät, in der die meisten Jugendlichen nun endgültig wegen „innerem Umbau" geschlossen haben, hat sich – wie bereits erwähnt – im Laufe der letzten hundert Jahre um etwa zwei Jahre nach vorn, vom 14. Lebensjahr auf das zwölfte Lebensjahr verschoben und findet so heute mit 14 Jahren bereits meist seinen Höhepunkt.

Der Mensch trägt in sich alle Naturreiche: das mineralische, das pflanzliche und das tierische Element. Es ist der tierische Aspekt, der seinen Höhepunkt in der Geschlechtsreife und in der Fortpflanzungsfähigkeit findet. Die geistig-seelische Ausbildung – das Ich – hinkt dem noch für Jahre hinterher. Einen eigenen verantwortlichen Umgang damit lernen Jugendliche anfänglich erst, wenn sie ihr *drittes Jahrsiebt* beendet haben.

Bei aller Unvollkommenheit unserer Erziehung und all den Zweifeln und Ängsten vieler Eltern in der Zeit der Pubertät können wir ruhig darauf vertrauen, dass die authentischen Vorbilder, sofern sie in der Zeit der Kindheit gelebt wurden, jetzt in einer der Individualität der Jugendlichen entsprechenden Weise zum Tragen kommen. Haben wir soziale Werte vertreten, konnten wir sie in die Erziehung einfließen lassen und haben sie in unserem Handeln Gestalt angenommen? In den kritischen Augen von Pubertierenden nützen uns unsere Alltagsmasken wenig. Niemals wieder in seinem Leben ist man so naturgemäß darin geschult, hinter die Schliche der Erwachsenen zu kommen wie in der Pubertät. Dies liegt daran, dass man auf der Suche nach Werten ist, die man selbst noch nicht für sich individuell handhaben kann. Die Diskrepanz, einerseits bereits Verantwortung zu tragen, wie sie auch offensichtlich von der Gesellschaft erwartet wird, und sich andererseits einer Realität gegenübergestellt zu sehen, in der Zweifel und Zukunftsängste vorherrschen, erleben Jugendliche in einer stetigen Überforderung. Eine der vielen Abwehrhaltungen dem gegenüber lässt sie Sensoren entwickeln, die es ihnen ermöglichen, mit schlafwandlerischer Sicherheit die Finger auf all die Wunden zu legen, die wir als Eltern meist schamhaft vor uns selbst zu verbergen suchen.

Triebfeder ist nun, nach dem in den ersten beiden Jahrsiebten erwähnten „Guten" und „Schönen", die Sehnsucht nach „Wahrhaftigkeit". Wahr ist hier, was verändern will. Ob zum Guten oder Schlechten, das entzieht sich meist noch der Beurteilung der Jugendlichen. Wenn aber die Sehnsüchte der ersten Jahre in der Weise gestillt wurden, dass das „Gute" meist auch ein objektiv Gutes war und die ästhetische Erziehung nicht nur aus Plastikmonstern bestand, dann befindet sich ein Kind auf seinem nun einsamen Weg in die Adoleszenz zwar in einem Labyrinth, ist aber dennoch ausgerüstet mit dem Ariadnefaden des Guten und Schönen.

Auch das 18. Lebensjahr stellt einen bedeutenden Einschnitt dar. Hier sehen wir uns einem anderen Phänomen gegenübergestellt: unserem ersten Mondknoten. Immer nach 18 Jahren, sieben Monaten und neun Tagen steht der Mond wieder am gleichen Punkt in dem Sternbild, bei dem er sich zum Zeitpunkt unserer Geburt befand.

Ich stehe der klassischen Astrologie generell kritisch gegenüber und so möchte ich ausdrücklich darauf hinweisen, dass der aus der Astrologie bekannte Mondkonten zwar als Phänomen in Zusammenhang mit dem hier Erwähnten steht, es sich aber keineswegs um Prophezeiungen irgendwelcher Art handelt. Vielmehr ist hier von jenen Kräften die Rede, die vom Mond ausgehend sich unzweifelhaft auf unser aller Leben auswirken. Über die allseits bekannten Phänomene wie das Rhythmisieren von Ebbe und Flut und die direkten körperlichen Einflussnahmen (wie die bei der Menstruation bis hin zu Wachstumskräften) gibt es überdies auch eine Wirkung ins Geistig-Seelische des Menschen. Diese bezieht sich direkt auf seine „Mission", seine Lebensaufgabe. Dies kann sich unter anderem darin ausdrücken, dass wir zum Zeitpunkt des Mondknotens einen Berufwunsch entwickeln, der gewisse andere Möglichkeiten ausschließt, wenn auch noch nicht ein konkretes Berufziel vor Augen steht. Zum ersten Mal ist nun die Möglichkeit gegeben, die eigentliche Lebensaufgabe – wenn auch vorerst nur schemenhaft – zu erahnen.

Von der Fähigkeit, eigene Verantwortung zu tragen, kann aber im Alter von 18 Jahren, obwohl von der Gesellschaft heute verlangt, noch keine Rede sein. Der „Mondknoten" ist eher eine Vorwegnahme, ein Erproben dessen, was sich ab dem 21. Lebensjahr zu vollziehen beginnt, denn erst mit 21 Jahren ist es legitim, von jungen Menschen im eigentlichen Sinne verantwortliches Handeln zu erwarten. Ein zu stark ausgebildetes Verantwortungsgefühl kann sogar, auch noch im folgenden Jahrsiebt (wie wir noch hören werden), kontraproduktiv für die Entwicklung sein.

Spiegelung des dritten und vierten Jahrsiebtes:
14 bis 21 ←→ **21 bis 28** Jahre

Erst das *vierte Jahrsiebt* und die Kräfte, die uns in dieser Zeit zufließen, machen die Entwicklung eines tieferen Verantwortungsgefühls möglich, wobei das Augenmerk besonders auf das Gefühl zu richten ist. Es ist eine Zeit, in der wir unser Gefühlsleben zivilisieren können. Nicht, indem wir uns direkt der Gefühlslebensexplosionen dieser Phase bewusst sind oder diese am Ende sogar zu unterdrücken versuchten, sondern gerade indem wir in dieser Zeit noch möglichst „verantwortungslos" das Leben auf den Prüfstein stellen, kultivieren wir unser Gefühlsleben hin zu einer eigenen, unserer Individualität verpflichteten Verantwortung.

Die Zeit zwischen dem 21. und 28. Lebensjahr spricht in den meisten Biographien eine deutliche Sprache.

Ausdrücken kann sich dies nicht nur in Reisen in alle Himmelsrichtungen, die ungeplant und so spontan unternommen werden, dass es aus der Sicht der Eltern geradezu fahrlässig und gefährlich erscheint. Es kann sich auch ausdrücken in der Suche nach einem eigenen Platz im Leben, der vielleicht nicht gerade dem entspricht, was der oder die Betreffende von Haus aus gewohnt ist. Viele Angebote, die uns die Welt macht, werden ergriffen, Lebensentwürfe erprobt, wieder verworfen und nur kurzfristig für gut befunden.

Im vierten Jahrsiebt ist eine Umarbeitung des Milieus gefordert, in das ich hineingeboren bin. Eigene Maßstäbe gilt es zu entwickeln und auf der Grundlage des im ersten Jahrsiebt Erfahrenen müssen sich diese am Leben messen lassen. Sie können sich nur dann in eine wahrhafte Lebenserfahrung wandeln, wenn ich alle Gelegenheiten auszunutzen weiß, die Welt in ihren höchsten Höhen und tiefsten Tiefen auszuloten. Einen eigenen Platz zu finden, eigene Anschauungen zu vertreten, mein soziales Umfeld nach meinen eigenen Bedürfnissen zu gestalten und diese Bedürfnisse auch artikulieren zu können, ist unsere Aufgabe in dieser Zeit. Es ist nicht lange her, da galt man erst mit 21 Jahren als rechts- und geschäftsfähig.

Dieser Schutz wird heutzutage den mit bereits 18 Jahren „geschäftsfähigen" Jugendlichen nicht mehr gewährt.

Es begegnet mir bei meinen Klienten immer wieder, dass gewisse äußere Umstände eine geistig-seelische Entwicklung in vollem Maße verhindert haben. Dieses Defizit, das durch unsere leistungsorientierte Gesellschaft geradezu gepflegt wird, indem die geradlinige Ausbildung gefordert und ein fertiger Zukunftsentwurf viel zu früh erwartet wird, birgt die Gefahr einer nicht voll ausgelebten Zeit der Jugend. Dies scheint im Interesse derer zu liegen, die uns für den Rest unseres Lebens, bis ins hohe Alter hinein, weismachen wollen, dass allein der Erhalt körperlicher Jugendlichkeit und der damit verbundene materielle Konsum ausschlaggebend für gesellschaftliche Anerkennung sind.

Wer es sich zwischen 21 und 28 Jahren nicht erlaubt, verschiedenste Lebensentwürfe und gegebenenfalls auch die Örtlichkeiten in der Welt für sich auszutesten, wird später nach Möglichkeiten zum Ausgleich dieser Defizite suchen. Er wird vielleicht eine tiefe Sehnsucht danach entwickeln, in späteren Jahren die Welt zu erkunden. Dies geschieht dann natürlich nicht mehr mit der unverhohlenen Neugier und jener herausfordernden Selbstverständlichkeit, die einem Menschen im vierten Jahrsiebt zu eigen ist. Ich sage damit nicht, dass man Versäumtes nicht nachholen kann. Wenn in späteren Jahren diese „Selbstverständlichkeit" abhandengekommen sein sollte, kann diese unter vielem anderen auch durch ein Staunen und ein offenes Interesse gegenüber der Welt ersetzt werden. Dies setzt aber gegenüber der Zeit, in der dieses Interesse an der Welt mehr oder weniger selbstverständlich gewesen wäre, eine gewisse Erkenntnis der Sachlage und ein redliches Bemühen um Unvoreingenommenheit voraus.

Die Sehnsucht nach der verlorenen Unverschämt-heit in der Hoffnung auf innere Sicherheit

Am Ende dieser Zeit steht das Leben als Erwachsener. Und mit zunehmendem Hinsteuern auf die 28er bis 30er Jahresgrenze stellt sich eine Sehnsucht nach der verlorenen Jugend ein. Dies kann sich auf vielerlei Weise ausdrücken. Zum einen ist man nicht mehr in der Lage, so „unverschämt" seiner Selbstver-wirklichung nachzujagen wie früher, und zum anderen ist der Gedanke erschreckend, dass das Leben endlich ist und dass sich bereits manche Wünsche vielleicht gar nicht mehr ver-wirklichen lassen.

Bei meinen Einführungsvorträgen habe ich die Erfahrung gemacht: Wenn ich von den Anwesenden behaupte, dass sie gegen Ende des dritten und am Anfang des vierten Jahrsiebtes – also zwischen dem 27. und 29. Lebensjahr – eine grundsätz-liche Veränderung in ihrem Leben erfahren haben, treffe ich mit dieser Behauptung meist auf ungeteilte Zustimmung, ob-wohl ich nicht das Geringste von den Anwesenden weiß.

Zu diesem Zeitpunkt stellt sich bei den meisten ein grund-legend neues Gefühl dem Leben gegenüber ein. Eine noch nicht gekannte Verantwortung sich selbst und anderen gegen-über bricht sich Bahn.

Fassen wir zusammen: Wahrheit ...

Im dritten Jahrsiebt, zwischen 14 und 21 Jahren, fühlen wir uns vor allen Dingen der Wahrheit verpflichtet, der wir aber auf Grund unserer geringen Lebenserfahrung noch keine nachhaltigen Veränderungen der Welt durch unser Tun entgegenstellen können. Es bleibt meist beim Traum einer anderen, besseren Welt. Unser Unvermögen stellt sich dann im Äußeren dadurch dar, dass wir uns Mentoren suchen, die das verkörpern, zu dem wir mangels Lebenserfahrung noch nicht selbst in der Lage sind. Dass es sich bei diesen Mentoren oft um ein zusammengewürfeltes Ensemble verschiedenster Couleurs handelt, spielt dabei keine Rolle. In einem Jungmädchenzimmer kann ein Poster von einem Rockstar neben einem überlebensgroßen Foto von Mutter Theresa hängen, ohne dass dies auch nur im Geringsten eine Frage nach der Sinnhaftigkeit des Tuns dieser beiden Persönlichkeiten hervorruft.

... spiegelt sich in: *„Die Suche nach Wirklichkeit"*

Im vierten Jahrsiebt zwischen 21 und 28 Jahren spiegelt sich der im vergangenen dritten Jahrsiebt noch in Fesseln gelegte Weltverbesserungswunsch darin, dass wir uns nun auch tatsächlich meist gleichaltrige Komplizen suchen, die von „umstürzlerischen" neuen Ideen fasziniert sind. Alles, was auch nur den Schein von Bewährtem und Bewahrendem erweckt, steht unter dem Generalverdacht, verstaubt und erneuerungsbedürftig zu sein. Wir suchen nach einem Weg, diesen Idealen eine Wirkung zu verleihen – eine neue Wirklichkeit zu schaffen.

Einerseits beginnt im dritten Jahrsiebt unsere Jugend, insofern wir mit 14 Jahren in der Lage sind, uns auch ohne unsere Eltern außerhalb des Hauses frei zu bewegen. Andererseits findet die Jugendzeit zu Beginn des vierten Jahrsiebtes, unserer dreißiger Jahre, ihr Ende.

Es beginnt jetzt die Zeit des Erwachsenseins. Ein Übergang, der einmal genommen, keinen Weg zurück kennt. Es bedeutet nicht mehr und nicht weniger, als dass ich mich allmählich von meiner Jugendlichkeit verabschiede. Von nun an werde ich mich – ob ich will oder nicht – von anderen Mitmenschen daran messen lassen, ob ich den Erwartungen, die die Erwachsenenwelt an mich richtet, mehr oder weniger gerecht werden kann.

Die Essenz von Gudrun Burkhards
21er Spiegelungen:

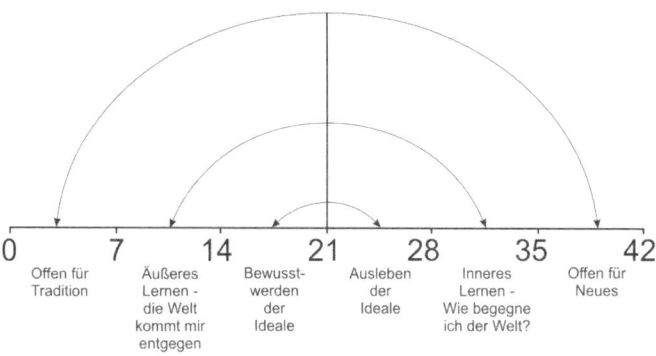

0	7	14	21	28	35	42
Offen für Tradition	Äußeres Lernen - die Welt kommt mir entgegen	Bewusst- werden der Ideale	Ausleben der Ideale	Inneres Lernen - Wie begegne ich der Welt?	Offen für Neues	

Jugend	Spiegelungsachse 21. Jahr	Erwachsensein
Geburt bis 7. Jahr Offen für das bereits Gehabte	21	35. bis 42. Jahr Offen für Neues
7. bis 14. Jahr Äußere Lehren	21	28. bis 35. Jahr Inneres Lernen Der Welt mit eigener Kraft begegnen
14. bis 21. Jahr Ideale werden bewusst	21	21. bis 28. Jahr Ausleben der Ideale

21 Jahre: Im Fadenkreuz der Individualität

Nachdem wir uns mit allgemeinen Gesetzmäßigkeiten vertraut gemacht haben, wenden wir unseren Blick nun auf die individuelle Spiegelung. Wir vertrauen als noch ungeübte Anfänger auf diesem Gebiet anfangs noch auf Spiegelungsachsen, die in Verbindung mit der allgemeinen biographischen Entwicklung stehen, aber dennoch bereits zu beiden Seiten der Lebensachse von ganz persönlichen Ereignissen flankiert sind. Das Beispiel ganz zu Anfang des Buches zeigt uns, dass die beiden Spiegelungsereignisse sich einerseits auf ein ganz persönliches Erleben sowie auch andererseits auf eine allgemeine Gesetzmäßigkeit, auf die eine Mittelachse im 21. Lebensjahr, beziehen.

In unser aller Leben finden immer wieder Ereignisse statt, die mehr oder weniger verschlüsselt den augenblicklichen Stand unserer Entwicklung widerspiegeln.

Weil unsere Erinnerung dazu neigt, uns immer nur einzelne Erlebnisse unseres Lebens vor Augen zu führen, bleibt dieses Phänomen allerdings meist unerkannt.

Selten sind wir in der Lage, biographische Entwicklungen über Jahre hinweg zu verfolgen. Niemand lebt aber ein Leben, das nur aus der Aneinanderreihung von Einzelerlebnissen besteht. Jedes Erlebnis gibt vielmehr auch Aufschluss darüber, was sich zuvor ereignet hat und eröffnet – wenn auch noch unbestimmt – Perspektiven für die Zukunft.

So geheimnisvoll das Phänomen der Spiegelungen auf den ersten Blick erscheint, wollen wir uns jetzt – mit allem nötigen Respekt – darin versuchen, eigene Erfahrungen auf diesem Gebiet aufzusuchen. So ist dieses Buch auch als ein Handbuch gedacht, das uns eine gewisse Technik im Auffinden von persönlichen Spiegelungen vermitteln soll.

Als ich mich vor Jahren gegenüber einem Kollegen darüber wunderte, dass sich noch niemand aus Biographieberaterkreisen mit diesem Thema in Buchform auseinander gesetzt hätte, wurde mir von ihm verschwörerisch angedeutet, dass es sich hier um ein biographisches Geheimnis „erster Ordnung" handeln würde, das einer skeptischen und anti-spirituellen Anschauung, wie sie in der Öffentlichkeit gepflegt werde, nicht standhalten würde. Eben um ein biographisches Geheimnis, das als solches auch von den Biographieberatern in diesem Sinne bewahrt werden müsse.

Ich fand damals dieses geheimnisvolle Getue extrem albern, habe aber hoffentlich trotzdem nie den Respekt verloren, mit dem ich – wie ich glaube – diesen Betrachtungen entgegentreten sollte, gerade dann, wenn ich diesem Phänomen auch tatsächlich eine öffentlich-kritische Betrachtung zumute. In den letzten Jahren als praktizierender Biographieberater und als Dozent bei Ausbildungsgruppen im In- und Ausland habe ich dieses Thema immer in aller Offenheit behandelt. Ich bin dabei in meiner Überzeugung bestätigt worden, dass wir es bei Spiegelungen mit einem Phänomen zu tun haben, das in einer gewissen Weise erläuternd beschreibt, wie sich die in jedem Lebenslauf zu findenden Rhythmen und Gesetzmäßigkeiten widerspruchslos verbinden mit dem, was wir die Individualität eines Menschen nennen. Wir erleben eine durch Selbsterfahrung geprüfte, authentische Erfahrungswirklichkeit, die den Einzelnen bestätigend auf die Tatsache hinweist, dass wir alle auf dieser Erde einer vielleicht noch nicht einsehbaren, übergeordneten Bestimmung folgen. Diese Einsicht, verbrieft durch persönlich erlebte Freuden und Leiden, schafft einen tieferen Einblick in Vergangenes und Zukünftiges, da sie in einer direkten Verbindung zu unserer Lebensmission steht. Sie wirkt somit heilsam gegenüber manch unbewältigtem Vergangenen und kann bestärkend auf eine bereits mehr oder weniger erfolgreich verlaufende, geistig-seelische Entwicklung hinweisen.

Auf der Suche nach bislang noch weißen Flecken auf der inneren Landkarte

Ein erster Schritt, um biographische Spiegelungen in seinem Leben zu entdecken, ist auf den ersten Blick äußerst einfach. Man nehme so viele Erinnerungen aus seinem Leben wie möglich und schreibe diese auf. Hilfreich ist ein Spiegelungsschema (siehe Bild 1) – man trage diese Ereignisse je nach dem Jahr, in dem sie stattgefunden haben, rechts und links neben den vorgegebenen Jahreszahlen ein.

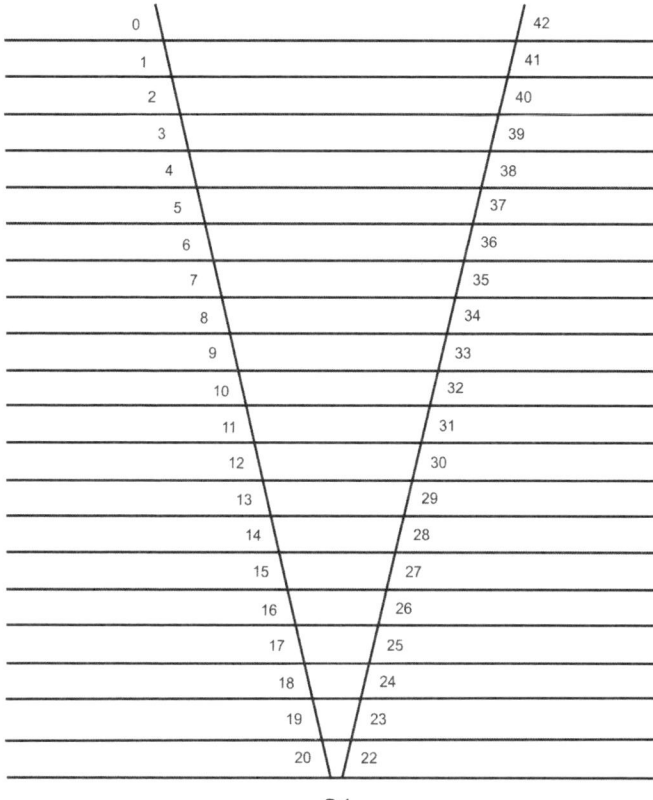

Beispiel eines Spiegelungsbogen mit einer 21er Achse

Bedeutend ist allein, dass wir uns erinnern

Da stellt sich schon zu Beginn die Frage: *Welches Ereignis ist es wert, eingetragen zu werden?*

Wenn man sich auf diese Forschungsreise einlassen will, könnte man glauben, dass es sich doch sicher um bedeutende Ereignisse handeln sollte. Es gilt also zu bestimmen, was für mich und diese Arbeit bedeutungsvoll ist.

Vielleicht kommt der Gedanke auf, dass es etwas sein müsste, was auch andere im sozialen Umfeld als bedeutungsvoll ansehen: Zum Beispiel Einschulung, Heirat oder der Tod eines geliebten Menschen. Aber die Aufgabe, die zu erfüllen ist, lautet lediglich: sich an möglichst viele Dinge zu erinnern, die sich in unserem Leben ereignet haben. Wenn wir unser Vorhaben beginnen, ist es völlig unbedeutend, welchen momentanen Wert wir einem Erlebnis zusprechen. Der einzige Grund, diese oder jene Erinnerung aufzuschreiben – das heißt, sie in einen Begriff zu fassen, ihr eine Überschrift zu geben, die es uns möglich macht, das Ereignis in seiner Gesamtheit zu identifizieren und dadurch lebendig werden zu lassen –, ist der, dass wir uns dessen erinnern. Bedeutung gewinnt unser Versuch nicht dadurch, dass wir vermeintlich Wichtiges aufschreiben.

Noch einmal: *Bedeutend ist allein, dass wir uns erinnern.*

Ein wichtiger Lebensabschnitt wurde begangen oder abgeschlossen. Wichtig, weil wir danach eine Änderung in unserem Leben vollzogen haben, indem wir in eine andere Umgebung kamen, berufliche Veränderungen erlebten oder uns mit einem bislang fremden Menschen verbunden fühlten und von

nun an gemeinsame Wege gingen. Oder: Ein Unfall veränderte
urplötzlich den routinierten Tagesablauf. Oder: Wir sahen uns
einer Kündigung gegenübergestellt. Dies sind unbestreitbar
Tatsachen, die das Leben maßgeblich verändern können.
Doch in Verbindung mit dem, was wir uns auf einer übergeordneten Ebene vorgenommen haben, was die eigentliche Erfüllung unserer Sehnsüchte im Leben ausmacht, sind diese of-
fensichtlichen biographischen Eckdaten, wie wir sie aus mehr
oder weniger nichtssagenden Bewerbungsunterlagen kennen,
lediglich maskierte Erscheinungsformen, es sind Weggabe-
lungen und Weichenstellungen, hinter der sich der eigentliche
Mensch, eben das, was ihn als Persönlichkeit ausmacht, ver-
stecken kann.

Jede Minute, jede Sekunde unseres Lebens ist ein Ereignis
und wir hätten viel zu tun, wenn wir uns ständig diesem Über-
angebot an Eindrücken mit vollem Bewusstsein öffnen woll-
ten. Dass dieses oder jenes Ereignis insofern hervorsticht, als
es in unserer Vorstellung ein mehr oder weniger präsentes und
abrufbares Bild hervorruft, liegt daran, dass wir ganz bestimmten Ereignissen gegenüber wacher und aufmerksamer
sind als anderen gegenüber. Zunächst könnte man glauben,
dass dies zufällig geschieht, je nach Aufmerksamkeitsgrad,
Lust und Laune. Sicher ist auch erwähnenswert, ob der Beob-
achter eines Ereignisses frisch und munter oder abgespannt
ist, ob er dem, was er sieht, insofern aufgeschlossener als ein
anderer ebenfalls anwesender Mensch ist, weil es zum Beispiel
sein Interessensgebiet betrifft, oder ob es sich um einen Gefah-
renmoment handelt, der ein kurz entschlossenes, schnelles
Handeln verlangt. Trotz aller Einschränkungen gibt es immer
wieder Ereignisse, die – obwohl sie im Moment keine offen-
sichtliche Bedeutung hatten – unsere Vorstellungswelt nicht

verlassen wollen, sondern sich im Gegenteil aus unergründlichen Tiefen des Bewusstseins heraus immer wieder bei dieser oder jener Gelegenheit in Erinnerung bringen. Sie bilden einen Beleg dafür, dass sich im Unterbewussten Sehnsüchte ausleben, die uns bildhafte Erfahrungen vermitteln wollen, die wir mit unserem Tagesbewusstsein – schon aus Vernunftgründen – nie ernsthaft in Verbindung bringen, geschweige denn verfolgen würden. Es ist sicher ebenso wichtig, dass ich mich (seltsamerweise) daran erinnere, wie ich als Fünfjähriger unter einem Baum mit einem bunten Wasserball auf einer Wiese gespielt habe und eine Kuh in nächster Nähe vorüberging, wie an die Freude, die ich empfand, als ich die Hochschule mit einem Diplom abschloss.

Mein Plädoyer für die scheinbar unwichtigen, manches Mal auch unangenehmen oder unverständlich gebliebenen Ereignisse fällt nur aus dem Grund so ausführlich aus, weil ich bewusst machen wollte, dass es in diesem Fall keine bedeutenden oder unbedeutenden Ereignisse gibt. Nach Möglichkeit gilt es all diese Vorurteile eines Bedeutsamen oder Nichtbedeutsamen gar nicht erst aufkommen zu lassen. Jede Vorverurteilung eines Ereignisses im Sinne seiner Bedeutsamkeit ist und kann nur ein Verlust unserer Möglichkeiten sein, dem Geheimnis der Spiegelung näherzukommen.

Kramen wir also ungeniert in der Asservatenkammer unserer Erinnerungen, wenn wir nun unsere Erlebnisse sammeln, und nehmen wir sie einfach wahllos entgegen, wie sie in uns aufsteigen. Einziges Kriterium: Wir sind überzeugt davon, dass wir es erlebt haben.

Das vorgenannte Kriterium – dass die Erinnerungen erlebt sein müssen – könnte einen Einwand auftauchen lassen: Manche Dinge wurden uns im Laufe unseres Lebens so oft erzählt, sei es von den Eltern oder von Freunden, dass wir gar nicht mehr wissen können, ob wir das selbst erlebt haben oder ob es aus den Erzählungen anderer stammt. Und so manches könnte aus einem verwirrenden Konglomerat von fremden und eigenen Eindrücken gewoben erscheinen. Doch auch hier stellt sich die Frage: Warum erinnere ich mich daran, dass dieses Ereignis vielleicht zu einer immer wieder erzählten Familienlegende geworden ist? Warum war es anderen wichtig, dass sie es mir immer wieder erzählt haben?

Es gibt bekanntlich immer *drei* Seiten der Wahrheit einer Medaille: die meine, die deine und die der Wahrheit. Diese dritte Seite, die der Wahrheit, ist die, die sich auf dem Rand der Medaille befindet (um im Bild zu bleiben), die auf diesem Rand balanciert und somit immer droht, sich nach der einen oder anderen Seite zu neigen und gegebenenfalls umzufallen. So ist diese dritte Seite durch eine Ver-Persönlichung der Vorstellungswelt durch Urteil und Vorurteil des Individuums stets in Frage gestellt. Es bleibt uns nichts anderes übrig, als die Unvollkommenheit der eigenen Erinnerung in Kauf zu nehmen und darauf zu vertrauen, dass wir bei unserer Methode der Wahrheit zumindest ein Stück weit – wie die auf ihrem Rand stehende Medaille – entgegenbalancieren.

Nachdem soweit alle Eintragungen gemacht sind, ist es ebenso wichtig, bei der „Auswertung" – dem Fündigwerden von Spiegelungen – die gleichen Maßstäbe wie zuvor beim Eintragen anzulegen. Es geht nun darum, die beim Aufschreiben entstandenen Begriffe, die die Ereignisse repräsentieren, unvoreingenommen auf sich wirken zu lassen. Es gilt, auch das Unwahrscheinlichste als Möglichkeit anzunehmen. Annehmen nicht im Sinne einer sofortigen logischen Verknüpfung der Ereignisse, sondern im Gewahrwerden eines inneren

Einklanges. Wer möglichst lange in der Wahrnehmung bleiben kann, das heißt den *Wortsinn* erfassen, aber nicht mit bereits Gelerntem vergleicht oder sinnfällig verbinden will, der ist als Forscher im Vorteil.

Es sind natürlich auch immer wieder die offenbaren Spiegelungen, „die offensichtlich Eindeutigen" vorhanden, über die man nicht lange rätseln muss, wie etwa wenn man mit 18 Jahren sein Abitur gemacht hat und bei einer Spiegelung um das 21. Jahr mit 24 sein Studium beendet hat. Aber was sagt uns das, außer, dass wir fleißige Menschen sind, die eine Sache auch zu Ende führen, wenn wir sie angefangen haben? Dies wissen wir meist schon. Wenn aber eine Geschichte, die ihre Spiegelungsqualität auf den ersten Blick zurückzuhalten scheint, sie dann nach näherer Betrachtung aber doch offenbart, kann das vielleicht zu einer größeren Erfahrungsdichte führen.

Im Baumhaus, in der Portierloge und der Blick auf das Trottoir

Die Geschichte handelt von einem Erlebnis im Jahr 1955 (mit fünf Jahren). Zu unserem eigentlichen Ziel hätten wir auch direkt durch den Eingang des Hauses kommen können. Aber meistens gelang es mir, indem ich bereits auf dem Weg zu der Schwester meiner Großmutter darum bettelte, eben nicht gleich durch die Tür in den Hausflur zu gehen, sondern den kleinen Umweg durch den Lebensmittelladen zu nehmen und ihn nicht ohne einen von Großmutter gewährten „Wegzoll" in Form von Süßigkeiten wieder zu verlassen. Nachdem ich dieses Schlaraffenland mit dem erbeuteten Zuckerwerk hinter mir gelassen hatte, gelangten wir durch die Hintertür des Ladens in das eigentliche Treppenhaus. Dort angekommen, drehte ich meist sofort meinen Kopf nach oben, um zwischen den schmiedeeisernen Geländerstreben hindurch einen Blick auf das „Baumhaus" zu werfen. Da dieses Treppenhaus recht großzügig angelegt war, gab es bei jedem halbstöckigen Richtungswechsel einen flachen, ohne Stufen besetzten Absatz, der die bereits bestiegene mit der noch zu besteigenden Treppe verband. Zwischen den beiden Treppen entstand so ein Lichtschacht, wie er in vielen Häusern vorkam, die um die Jahrhundertwende zum 20. Jahrhundert gebaut worden waren. Dieser Lichtschacht wurde von meinem findigen Großonkel zweckentfremdet: In der an Wohn- und Arbeitsraum knappen Zeit nach dem Krieg hatte er dort seine Werkstatt eingerichtet –

eben wie ein Baumhaus in luftiger Höhe. Auf dem zweiten Absatz angekommen, fand man sich vor einem Holzhäuschen, das ähnlich einem Kiosk eine Glasscheibe in der Tür hatte, die sich zum Treppenhaus hin öffnete. Zwischen dem Treppenabsatz und der Holzwand der kleinen Werkstatt konnte man durch einen Spalt zwei Stockwerke tief bis ins Erdgeschoß blicken. Auf der Gegenseite war ein weiteres Fenster angebracht, wobei der Raum selbst kaum mehr Platz als für Arbeittisch und Regale bot. Was mich aber am meisten faszinierte war der bewegliche Gasbrenner, dessen bläuliche, kerzenähnliche Flamme leicht wiegend auf dem metallenen Rohr tanzte und der am unteren Ende mit einem Hansaplast-rosa Schlauch verbunden, wie eine ewige Flamme immer in Betrieb war. Auf dem Tisch lagen einige Arbeitstücke, Ringe und Ketten, lauter Dinge, die in meiner Kinderwelt als magisch und unberührbar galten. Und in all dem thronte Meister Feisskohl, oft mit einer Lupe vor dem einen Auge, konzentriert auf die Reparatur oder Neugestaltung eines Schmuckstückes. So lange ich konnte sonnte ich mich darin, ihm bei der Handhabung seiner Werkzeuge zuzuschauen. Es ging von ihm die Sicherheit eines Routiniers aus, der sich jedes Handgriffs sicher war und zielbewusst seine Werkstücke in die von ihm gewünschte Form brachte.

Erlebnis im Jahr 1971 (21 Jahre alt). Ich hatte mein Studium zum Grafikdesigner an der Hochschule für Gestaltung in Mannheim bereits drei Jahre zuvor begonnen. Mittags streunte ich mit diesem oder jenem Studienkollegen gerne durch die Innenstadt von Mannheim.

Über einen Kommilitonen war ich mit Wolfgang Ohlhäuser bekannt, der zu dieser Zeit noch nicht den späteren Ruhm eines erfolgreichen neorealistischen Malers genoss. Wir machten nach einem längeren Fußmarsch an einer breiten Einfahrt halt, die in einen Hof führte, von dem man erwarten konnte, dass er sich im Inneren gewaltig ausdehnen musste, da sich schon bei unserer Ankunft ein LKW mit Anhänger durch die Einfahrt gequält hatte. Schwierigkeiten beim Einfahren hatte der LKW-Fahrer, weil die ansonsten breite Einfahrt in der Mitte durch ein kleines Häuschen getrennt war, das früher wohl zur An- und Abmeldung der einfahrenden Fahrzeuge bei einem Portier gedient hatte. Das hatte sich offenkundig überlebt, denn schon aus der Entfernung konnte man sehen, dass dieses Häuschen allem anderen, aber nicht als Behausung eines Portiers zur Kontrolle von LKW-Ladungen diente. Da ging es recht ungezwungen zu in dieser Portierloge. Der junge Mann, der hier regierte, hatte ein geradezu gefährlich unbürgerliches Aussehen jener Art, an das wir uns aus dieser Zeit vielleicht noch erinnern. Mit Haaren bis über die Schultern und auffällig bunter Hippie-Kleidung war er nun ungewollt der Empfangschef für die Helden der Landstraße geworden, die ihn allerdings keines Blickes würdigten. Wir beide wurden von ihm herzlich begrüßt und willkommen geheißen.

In diesem Häuschen, das nach allen Seiten durch Glasscheiben mit der Außenwelt kommunizierte, befand sich so ziemlich alles, was ein Grafiker in einer noch nicht computerisierten Welt brauchte. Für Zeichentisch, Malutensilien, Kartons und jedwede Art von Farben war genügend Platz und auch der Grafiker selbst hatte noch genügend Bewegungsfreiheit zur Arbeit. Ich war voller Bewunderung über einen solch abenteuerlichen Arbeitsplatz. Freier Grafiker zu sein, keinem „Brotherren" dienen zu müssen, so konnte ich mir die Zeit nach meinem Studium gut vorstellen. So einen glücklichen

Platz im Herzen der Stadt zu haben war bereits Werbung genug für potenzielle Kunden. An was er denn gerade arbeiten würde, was sein aktueller Auftrag sei, fragte ich.

Er griff nach einem Schwarz-Weiß-Foto, das eine barbusige Dame in verführerischer Pose zeigte. Ein Busen war bereits mit einer perfekt aufgemalten Büstenhalterhälfte verdeckt. Wolfgang griff nach dem Pinsel und retuschierte in unserem Beisein auf dem Fotopapier auch die zweite Hälfte des BHs. „Hat mir ein Fahrer gegeben. Sein Chef will nicht, dass er im Wagen eine Frau ohne Oberteil hat." So sah also das Leben als freier Grafiker aus ...

Erlebnis im Jahr 1987 (mit 37 Jahren). „Schau mal, Mama, da unten sitzt einer im Keller!", sagte das Kind und beugte sich zu mir durch das kleine Fenster herab, das fast mit dem Fußgängerweg vor meinem Wohnhaus abschloss. „Komm sofort her!", rief die Stimme einer besorgten, auch etwas peinlich berührten Mutter. Wer konnte denn da schon sitzen, welcher anständige Mensch saß denn hinter einem Kellerfenster? Ich winkte dem kleinen Mädchen freundlich zu.

So manches Mal drang auch lautstark Musik durch dieses Fenster über das Trottoir und zog so die Aufmerksamkeit der Passanten an. Mein Arbeitsplatz war schon eine Besonderheit. In der Souterrainwohnung, die ich mit meiner Lebenspartnerin und ihrer Tochter zu dieser Zeit bewohnte, gab es einen Zugang zu einem Raum, der eine hölzerne Galerie hatte, die auf halber Höhe des Raumes drei bis vier Quadratmeter Fläche bot und überdies unterhalb von zwei kleinen Kellerfenstern gebaut war, die den Blick auf das Trottoir davor freigaben.

Dort unter den beiden Fenstern hatte ich mir mein Grafikbüro eingerichtet. Eine Umgebung, in der ich zwar keine hochkarätigen Kunden empfangen, aber durchaus ungestört meine Arbeit machen konnte. Ich war überglücklich, in dieser finanziell angespannten Zeit meines Künstlerlebens, weiterhin unabhängig bleiben zu können. Ich hatte darüber hinaus durch diesen Arbeitsplatz am Kellerfenster eine recht abenteuerliche und exponierte Stellung inne, die zumindest für eine gewisse Zeit recht kurzweilig war.

„Baumhaus im Treppen- haus"		Grafiker Ohlhäuser		„Kind das durchs Fenster schaut"
5. Jahr	16	21. Jahr	16	37. Jahr

Ich hatte auf dem Bogen für die 21er Spiegelungen die Begriffe: „Baumhaus im Treppenhaus" im fünften Jahr und gegenüber in die Spalte für das 37. Jahr „Kind, das durchs Fenster schaut" eingetragen. Auf den ersten Blick sicher keine Ereignisse, die unmittelbar danach aussehen, als hätten sie etwas gemeinsam.

Doch in beiden Fällen war es ein Kind, das seine Beobachtungen machte. Zum einen ich selbst im Alter von fünf Jahren und später das kleine naseweiße Mädchen, dessen Mutter sie fremdschämend zurückpfiff, nachdem sie lautstark meine Anwesenheit bemerkt hatte.

Über das Bild des einsamen Arbeiters, der dennoch seinen Arbeitsplatz einer gewissen Öffentlichkeit nicht vorenthält, stieg in mir dazu dann das Bild jenes Grafikers auf, der sein Atelier in einem Pförtnerhäuschen, ebenfalls wie isoliert, dennoch einer Öffentlichkeit preisgab.

Ohne psychologisierend eine Botschaft in diese Bilder hineininterpretieren zu wollen, kann ich sagen, dass diese drei Bilder in mir ein Schmunzeln erzeugten, indem ich darin eine

Botschaft sah. Sie machte mir deutlich, dass ich bereits in frühen Jahren eine Affinität zu „Einzelkämpfern" in exotischen Umgebungen mitgebracht hatte, und überdies eine Neigung, möglichst abstinent gegenüber Anstellungen mit Pensionsberechtigung zu bleiben.

Meine individualistische Art der Lebensgestaltung hatte offenbar bereits im zarten Alter von fünf Jahren in mir geschlummert und wartete anscheinend nur darauf, sich durch meine Berufswahl in späteren Jahren zu offenbaren.

Spiegelungen um das 28. Schwellenjahr

Beispiel eines Spiegelungsbogen mit einer 28er Achse

Diese Spiegelungsachse unterliegt, weil wir es mit einem Schwellenjahr zu tun haben, einer anderen Bedeutung als die zuvor genannte Spiegelungsachse um das 21. Lebensjahr.

Die Zeit um das 28. Lebensjahr bildet generell in unserer Biographie eine Schwelle, die uns von der Jugendzeit hin zum Erwachsensein führt. Die Lebensumstände, die wir in den zwanziger Jahren unseres Lebens mehr oder weniger freiwillig aufsuchen, haben aus Sicht der Biographiearbeit zum Ziel, ein selbst erworbenes Verantwortungsgefühl uns und der Welt gegenüber zu entwickeln. Es ist eine Zeit, in der wir unser Gefühlsleben zivilisieren können. In dieser Zeit können wir noch möglichst verantwortungslos das ganze Leben auf den Prüfstein stellen. Wir kultivieren damit unser Denk- und Gefühlsleben hin zu einer eigenen, unserer Individualität verpflichteten Verantwortung.

Der Ballonroller

Dem zur Seite möchte ich eine weitere Spiegelung aus meinem Leben stellen, von der man sicher im Anschluss die Frage stellen kann, ob sie sich den vorgenannten Kriterien unterordnet.

Man schrieb das Jahr 1956. Ich war damals sechs Jahre alt, da schickte mich meine Mutter an einem Samstag kurz vor Ladenschluss zum Bäcker, um ein Brot zu kaufen. Der Bäcker war nicht weit entfernt, aber ich benutzte trotz des verhältnismäßig kurzen Weges meinen blauen Tretroller, ohne den ich mich zu dieser Zeit nirgendwohin bewegte. Ich war kaum rollernd in die Nebenstraße Richtung Bäckerladen eingebogen, als sich mir plötzlich ein Junge in den Weg stellte, den ich nur flüchtig aus der Nachbarschaft kannte. Kaum hatte ich abgebremst, ergriff er auch schon den Lenker meines Rollers, stellte sich hinter mich auf das Trittbrett und fuhr mit mir los. Er war wesentlich größer als ich und ungefähr zwölf Jahre alt.

Mir blieb nichts anderes übrig, als mich in mein Schicksal zu fügen. Unter meinen zaghaften Protesten fuhren wir beide zusammen an der Bäckerei vorbei, weiter und weiter, bis wir uns im nahegelegenen Hafengebiet befanden. Die Verzweiflung, die in mir in diesem Moment aufstieg, ließ in meiner Erinnerung lediglich den dunklen Schattenwurf des Jungen zurück, der sich weit über mich gebeugt hatte. Hilflos war ich der Willkür meines Entführers ausgeliefert, der ansonsten keinerlei Anstalten machte, mir etwas zuleide zu tun. Verlässlichkeit und Pünktlichkeit galt indessen bei meinen Eltern als vornehmste Tugend. In diesem Sinne erzogen, schnürte sich mir die Kehle zu bei dem Gedanken, dass meine Eltern aller Wahrscheinlichkeit nach bereits auf der Suche nach mir waren, denn die Fahrt zog sich endlos hin. Wie lange meine Entführung dauerte, weiß ich heute nicht mehr zu sagen. Als ich schließlich wieder vor meiner Haustür stand – der Junge war genauso schnell verschwunden, wie er aufgetaucht war –, eilte ich die Treppen zu unserer Wohnung hinauf, um meinen Eltern von diesem ungeheuerlichen Vorfall zu berichten. Mein Vater öffnete die Tür und ich hatte noch nicht den Mund geöffnet, um atemlos und mit hochrotem Kopf zu berichten, da hagelte es ohne Vorwarnung Ohrfeigen.

Mein Vater hat mich selten geschlagen und wenn, wusste ich immer, für was ich diese Schläge erhielt. In diesem Fall war die Regel gebrochen. Ich war unschuldig – und wenn ich auch aus heutiger Perspektive durchaus verstehe, dass dies wohl eher eine Angstreaktion meines Vaters war, denn man hatte tatsächlich bereits nach mir gesucht –, war ich doch über das

Verhalten meines Vaters empört. Als ich mich zu erklären versuchte, war er nicht bereit, mir zu glauben und bezichtigte mich der unverschämten Lüge. Zu diesem Zeitpunkt wurde mir deutlich, dass es Situationen im Leben gibt, die nicht zu bewältigen sind. Außerdem hatte ich erkannt, dass mein Vater mir nicht uneingeschränkt vertraute.

Diese Geschichte ruhte über lange Jahre wohlverwahrt im Schließfach meiner unbewältigten Kindheitserlebnisse.

Die Schlüssel finden

Bei der Ausbildung zum Biographieberater gehört es dazu, nach den verlorengegangenen Schlüsseln für die Schlösser solcher „Schließfächer" zu fahnden. Eine meist erfolgreiche Methode liegt darin, dies über künstlerische Arbeit zu tun. Unsere Aufgabe bestand darin, Szenen aus unserer Kindheit zu plastizieren. Beim unschlüssigen Herumkneten am Ton und beim Nachdenken darüber, was in aller Welt ich denn nun daraus formen wollte, brachte sich mir urplötzlich diese „Entführung" in Erinnerung. Die tagelange intensive Auseinandersetzung mit meinen Kindheitserlebnissen hatte, neben anderem, auch

dieses Erlebnis wieder an die Oberfläche gespült. Ich formte nun aus Ton einen kleinen Jungen, der sich verzweifelt an die Lenkstange seines Tretrollers klammert und über ihm einen riesenhaften Jungen, der sich weit und übermächtig über ihn beugt.

Ich wurde zum Zeitreisenden und fand mich umgehend

in derselben Verzweiflung und Hilflosigkeit des damals Sechs-
jährigen wieder. Anschließend im Plenum wurden die Arbeiten vorgestellt und ich erzählte dazu die vorgenannte Geschichte. Da ich nun aus meiner Lebenserfahrung heraus weit
mehr Verständnis für die Reaktion meines Vaters aufbringen
konnte als damals, war ich mit dieser Arbeit an meiner Sohn-
Vater Beziehung vorerst zufrieden und beließ es auch dabei,
ohne mich noch tiefer mit dieser Erinnerung auseinanderzusetzen.

Die Wiederkehr des Vergangenen

Kurze Zeit später, nachdem ich diese Ausbildung abgeschlossen hatte – ich war inzwischen 50 Jahre alt –, besuchte ich zur
Osterzeit die Familie meines Patenkindes. Der Junge war zu
diesem Zeitpunkt vier Jahre alt und sein Ostergeschenk war ein
Tretroller, den er von seinen Eltern geschenkt bekommen
hatte. Er hatte mit seinen vier
Jahren noch erhebliche Mühe
damit, sich auf dem Roller auf-
recht zu halten, geschweige
denn damit überhaupt fahren
zu können. Bei einem Spazier-
gang wollte er mir nun stolz
seine neue Errungenschaft präsentieren, scheiterte aber immer wieder daran, dass er eigentlich noch viel zu klein für
das Fahrzeug war. Nachdem
ich mir dies eine Zeitlang ange-
schaut hatte und auch immer
wieder versucht hatte, ihm mit

aufmunternden Zurufen Mut zu machen, stellte ich mich kurzerhand hinter ihn auf den Roller und fuhr mit ihm los.

Stolz stand er unter mir und genoss die Fahrt. Auch ich genoss diese Situation, weil ich das Gefühl hatte, dass sich mir hier eine Gelegenheit bot, ein Kind ohne viele Worte und Belehrungen bei einem wichtigen Schritt in seinem Leben ganz praktisch zu unterstützen. Einige Tage später erhielt ich ein Schreiben von der Familie meines Patenkindes, das einige Fotos von unserem letzten Treffen enthielt. Eines dieser Fotos zeigte mich auf dem Roller stehend über den Jungen gebeugt, und dieses Foto war, mit Ausnahme der dargestellten Personen, in seiner ganzen Geste nahezu identisch mit der Figur, die ich während meiner Ausbildung plasziert hatte.

Auf diesen Wink des Schicksals hin nahm ich mir meine biographischen Aufzeichnungen vor und sah, dass genau 44 Jahre Abstand zwischen den beiden Ereignissen lagen. Als nächsten Schritt stellte ich in die Mitte dieser 44 Jahre eine „Spiegelungsachse" zwischen meinem sechsten und 50. Jahr (die Achse befindet sich somit im 28. Jahr). Es bestätigte sich, dass nicht nur die beiden bereits bekannten Ereignisse in einem inneren Zusammenhang standen, sondern auch, dass die „Spiegelungsachse" ein für mich bedeutsames Ereignis beinhaltete. Mit 28 Jahren hatte ich mich nämlich entschieden, meinem ungezügelten „Wanderleben" ein Ende zu setzen, eine feste Bindung einzugehen und die Verantwortung für ein Kind zu übernehmen, das meine damalige Lebenspartnerin mit in diese Beziehung brachte.

Immer wieder erinnern uns gewisse Ereignisse und die dabei aufgetretenen Erfahrungen. Damit ist kein „Déjà-vu" gemeint, sondern dieses meist vage Gefühl, dass wir uns Ereignissen gegenübergestellt sehen, an denen wir uns, wie von einer fast masochistischen Sehnsucht getrieben, abarbeiten. Eine der Bedingungen für dieses wiederholte Erscheinen von sich ähnelnden Lebensumständen ist, dass wir uns aus der vorangegangenen Begegnung nicht in einen allumfassenden Frieden entlassen haben oder entlassen wurden. So bilden Angst, Scham und Schuld noch unerlöste Bestandteile jener Erinnerungen, die – um ihrer Erlösung willen – gezwungen sind, sich immer wieder in realen Ereignissen und Begegnungen zu manifestieren.

Die Spiegelung – ein individueller Mythos?

Eine Geschichte muss „gut" enden, sonst ist sie nicht zu Ende, so sagt man. Und die Protagonisten bleiben weiterhin untereinander verstrickt, bis es zu einer „Er-Lösung" der Problematik kommt – bis es eben „gut" wird. Ist es gut geworden, dann ist es auch nicht mehr notwendig, auf diesen äußeren Reiz mit innerer Gereiztheit zu antworten. Nichts verkettet mehr als der Hass. Das gute Ende bedeutet nicht mehr und nicht weniger, als dass ein karmischer Knoten gelöst ist. Jedes „Gut-Werden" hat mit meinem ganz eigenen, lebenslangen Auftrag zu tun, meinem Menschsein damit wieder ein Stück nähergekommen zu sein.

Es sind machtvolle Bilder, die sich in diesen Spiegeln zeigen. Und sollte man sich dazu versteigen, sie einer rein intellektuellen Deutung zu unterziehen, läuft man Gefahr, die Gewalten jener Macht, mit der die Seele ergriffen werden kann, zu verharmlosen.

Wir leben in diesen Spiegelungen unseren eigenen, von uns geschaffenen Mythos. Der Mythos ist immer mehr als nur eine Geschichte, er ist heilendes Bild – „Nahrung für die Seele". Und so, wie bislang der Mythos als kollektiver Archetypus unterschiedslos Nahrung für die Seelen aller war, die ihn aufnahmen, ist es im Zeitalter einer exzessiv gelebten Individualität die Erkenntnis des inneren Zusammenhangs der Geschichten, die uns die Spiegelung offenbart, ein mythischer Akt, der aus dem Einzelnen geboren auch nur dem Einzelnen in seiner vollen Bedeutung offenbar werden kann.

Bei vorsichtiger Deutung der „Entführung" durch den Nachbarjungen: Damals schrieb mir das Leben hinter die Ohren, dass es Situationen gibt, denen man im wahrsten Sinne des Wortes mit sechs Jahren noch nicht gewachsen ist und wo eine Erfüllung bisher gelernter Verhaltensmuster keinerlei Nutzen mit sich bringt. Mir sollte sich auch noch in den darauffolgenden Jahren so manches Ereignis gegenüberstellen, dem ich zu diesem Zeitpunkt noch nicht gewachsen war. Das Beenden meines rastlosen Wandererdaseins, das sich in der „Spiegelungsachse" darstellt, kann mir ein Hinweis darauf sein, dass ich mit 28 Jahren reif war, eine Entscheidung mit einem gewissen Verantwortungsbewusstsein zu fällen. Das dritte Ereignis nehme ich in dem Sinne entgegen, dass es doch so scheint, dass ich dieser, aus freien Stücken angenommenen Verantwortung auch in irgendeiner Weise gerecht geworden bin. Bei allen drei Ereignissen war *das Kind* die zentrale Figur. Einmal ich selbst, dann das Kind meiner Lebensgefährtin. Das dritte Bild, das sich wie eine Umstülpung der ersten Situation darstellt, kann ich dahin deuten, dass hier einer (ich selbst) durch die „Lebensschule" gegangen ist, der offenbar nicht jede „Unterrichtsstunde" verschlafen hat, der zumindest ab und an in der Lage ist, das „Notwendige" zu tun, situativ richtig, in diesem Falle: wie ein Mentor zu handeln.

Die Spiegelung kann mir in diesem Fall auf wunderbare Weise zu verstehen geben, dass es berechtigt ist, vertrauensvoll an dem weiterzuarbeiten, was bisher errungen wurde.

Ein Klient erzählte mir, dass er mit 15 Jahren seinen DLRG-Schein gemacht hatte, also Rettungsschwimmer geworden war, und sich von nun an mit unendlichem Stolz am Strand des heimischen Baggersees zeigte. Nicht zuletzt, weil er auch das DLRG-Abzeichen an seiner Badehose tragen durfte. Es hatte keine besondere Not, es war kein Hilferuf zu hören, als er zur Abkühlung kurze Zeit seinen Wachtposten am Badestrand verließ, ins Wasser ging und eine Runde schwamm. Urplötzlich stieß er beim Schwimmen, weit abseits vom Strand, mit einer Wasserleiche zusammen, die bereits einige Zeit im Wasser gelegen hatte. Diese völlig unvorbereitete Begegnung mit einem toten Menschen, ließ ihn für einige Zeit den Baggersee meiden. Sein mit Stolz getragenes Abzeichen blieb an der für lange Zeit nicht mehr getragenen Badehose verwaist im Kleiderschrank zurück.

Als er mir im Verlauf unserer Biographiearbeit davon berichtete, wie er Jahre später seine kleine Tochter beim Baden an einem Baggersee im letzten Augenblick vor dem Ertrinken gerettet hatte, schauten wir uns gemeinsam an, wie viele Jahre zwischen diesen Ereignissen lagen und konnten feststellen, dass die Spiegelungsachse sich in seinem 28. Lebensjahr befand.

Mit 15 Jahren trifft er auf eine Wasserleiche – *13 Jahre* – 28. Lebensjahr / Spiegelungsachse *13 Jahre* – mit 41 Jahren rettet er seine Tochter vor dem Ertrinken.

Es war ihm nun möglich, diese albtraumhafte Erinnerung an jene Leiche im Baggersee mit anderen Augen zu sehen. Dabei konnte er auch feststellen, dass er als 15-Jähriger mit der Aufgabe des Lebensretters schlicht und einfach überfordert war. Der Tote war für ihn nun ein Bild dafür, dass er zu diesem Zeitpunkt noch nicht in der Lage war, Leben zu retten. Später, nachdem er die Spiegelungsachse überschritten und sich seiner Verantwortung als Erwachsener gestellt hatte, als er Vater geworden war, war es dagegen geradezu selbstverständlich, seiner Verantwortung nachkommen zu können und seine Tochter zu retten.

Eine fast schon kurios zu nennende Geschichte möchte ich hier noch anführen, die aufzeigt, dass bei aller Ernsthaftigkeit, mit der man Spiegelungen entgegentreten sollte, sich gegen Ende der beiden Geschichten, in der Auflösung der Ereignisse, doch auch humorvolle Aspekte zeigen können.

Der Weg zum Altar

Immer wenn Vikar Pförtner mit den Jungs im Kirchhof Fußball spielte, hatte dies das Entzücken der Mutter meines Klienten hervorgerufen. So sollte ihrer Meinung nach die Zukunft der Kirche aussehen: mit wehender Vikarskutte einen Lederball verfolgend, sich mit allem gemein machend, was populär ist.

Bei meinem Klienten dagegen hatte sich schon als Zehnjähriger ein gewisses Unbehangen eingestellt, nicht etwa weil er zum Betbruder geboren war, sondern weil er vielleicht bereits erahnte, dass diese PR-Maßnahme des klerikalen Nachwuchses lediglich eine Finte sei.

Dieses Gefühl sollte Recht behalten, denn kaum hatte der Vikar die Leichtlebigkeit der priesterlichen Referendarzeit hinter sich gebracht, entpuppte er sich als Lordsiegelbewahrer eines streng höfischen Verhaltens in seinem evangelisch-lutherischen Machtbereich.

Kurze Zeit später genoss mein Klient bei nun Pfarrer Pförtner dessen Konfirmandenunterricht. Mit gebetsmühlenartigem Deklamieren der Katechismussprüche strich die Zeit vorüber. Er verstand es, sich aus der vordersten Schusslinie herauszuhalten, indem er immer einen der Sprüche perfekt lernte und sich zu Beginn des Unterrichtes sofort meldete, um sich nach gekonntem Aufsagen in die Anonymität zurückziehen zu können.

Dem Konfirmationstag selbst war ein Probelauf vorausge-
gangen. Jeder hatte sich, nachdem sich die Knaben und jetzt
auch die Mädels auf ihren Sitzen erhoben und durch die Sitz-
bankreihen geschlängelt hatten, auf einer zugewiesenen Steinplatte einzufinden. Aneinandergereihte hellgraue Quadrate,
die den Steinfußboden der Kirche ausmachten.

Sie probten immerzu diesen Aufmarsch, immer wieder
und wieder, weil es offenbar für einige schwer war, die immer-
gleichen Steinplatten abzuzählen und letztendlich den vorbe-
stimmten Platz zu finden. Nach mehreren Versuchen war die
Unruhe kaum mehr zu bändigen. Laute Worte und manch
scharfe Ermahnungen seitens des Pfarrers, die keineswegs zu
einer Beruhigung der nur schwer zu leitenden Herde taugten,
trugen dazu bei, dass sich dieses Schauspiel unwürdig in die
Länge zog.

Es tauchte bei dem Klienten die Erinnerung auf, wie er
zwei oder drei Jahre zuvor beim Krippenspiel ebenfalls eine
Steinplatte auf der oberen Stufe der breiten, dreistufigen Stein-
treppe ausgesucht hatte, auf der er gekleidet in Großmutters
bunter Tischdecke und mit einer Pappkrone, die mit Goldfolie
beklebt war, laut verkündete: „Seht, der Stern – er steht dort
über der Hütte!"

Diesmal, als es dann am anderen Tag ernst wurde mit der
Aufnahme in die Gemeinschaft der Christen, reifte in ihm der
Entschluss, noch während er ein kleines Stückchen Backpul-
vergebäck in den Mund geschoben bekam und dazu sauren
Wein trank, diesen Ort danach nie mehr wieder zu betreten.

Der Grund, warum der Klient und ich dermaßen detailver-
sessen Pfarrer Pförtner die Ehre gaben, lag darin begründet,
dass er ihn mir in seinem Wesen so präzise wie möglich he-
rausarbeiten wollte. Dadurch wollte er bei mir ein Verständnis

entwickeln, das ihm nötig erschien, damit die nun im Anschluss folgende Geschichte, die sich 28 Jahre später ereignete,
in ihrer ganzen Bedeutung verstanden werden konnte.

Bilder aus der Folterkammer

28 Jahre später: Wer den Heiligen Abend andachtsvoll und stil-
echt feiern will – also einen Kirchgang nicht scheut – muss darauf gefasst sein, vor dem Kirchenportal Schlange zu stehen.
Man könnte natürlich auch früher da sein, zu Zeiten, bei denen
die Kirchenbänke auch noch in den vordersten Reihen leer
sind. Doch an einem Tag wie Heilig Abend, der grundsätzlich
gefühlte zwei bis drei Stunden zu kurz ausfällt, verbietet sich
besonders für eine Familie mit Kindern ein solcher Gedanke.

Willig reihten sich die Kirchgänger ein und ließen sich ge-
duldig, immer eine gewisse Körperdistanz gegenüber dem
Vordermann oder der Vorderfrau wahrend, in Richtung Kir-
chenschiff treiben, während die Erziehungsberechtigten wach-
sam darauf bedacht waren, den Rest der Sippe nicht aus den
Augen zu verlieren. Trotz dieser Anstrengung blieb ihm nicht
verborgen, dass das üppige Lichtermeer auf den Treppenstufen
vor der Kirche neben ihm auf etwas Besonderes hinweisen
sollte. Einige Holzrahmen standen neben den Teelichtern Spa-
lier und auf diesen befanden sich recht drastische Darstellungen von Tieren, in offenbar extrem schmerzhaften Positionen.
Die Affen, die man unter anderem darauf erkennen konnte,
machten durch die Folterwerkzeuge, denen sie ausgesetzt waren, einen mehr als bedauernswerten Eindruck. Es waren Bilder aus den Folterkammern der Versuchslabore von Pharma-
und Kosmetikfirmen. Einige der beistehenden Aktivisten teil-

ten Flugblätter an die Wartenden aus. Viele der Nachzügler mussten an dieser Mahnwache vorbei. Manche hielten Abstand, als ob sie sich infizieren könnten, und manche näherten sich ohne Scheu, neugierig und mit Interesse. Voller Respekt nahm auch er ein Flugblatt an und steckte es, ohne es zu lesen, in seine Manteltasche. Er ging weiter dem Portal entgegen und es bedurfte seiner vollen Aufmerksamkeit, nicht den Anschluss zu verlieren, da wurden die Geräusche der Sohlen auf den marmornen Treppenfließen durch ein nervöses, unverständliches Rufen und von einem kurz darauf hörbaren Splittern von brechendem Holz überdeckt. Sein Blick ging sofort in die Richtung, aus der er diesen Lärm vermutete und diese Vermutung bestätigte sich dadurch, dass er einen wild gestikulierenden älteren Mann sah, der wie Rumpelstilzchen die Treppen auf und ab sprang und mit den Füßen die Teelichter von den Stufen kickte. Er schlug dabei mit beiden Händen einen der Plakatständer auf den Stufen kurz und klein.

Alle Kirchgänger, denen es bislang noch nicht geglückt war in das schützende Innere der Kirche zu gelangen, wurden Zeugen dieses offenbar Tollwütigen. Das Inkognito des Angreifers war schnell gelüftet, denn schon im nächsten Moment erkannte er in ihm den Hausmeister der Kirche. Ein Mann, der bekanntermaßen im Ruf stand, den Kindern das Fürchten beizubringen. Seine Überreaktion gegenüber den friedlichen Demonstranten gab zumindest den Kirchenbesuchern, die sich noch einen Hauch von etwas Feingefühl bewahrt hatten, Anlass zur Empörung. Der Unmut über diese Vorgehensweise war auch unüberhörbar aus der Reihe der Wartenden zu vernehmen.

Wie mein Klient berichtete, gaben er und seine Familienangehörigen in stillem Einverständnis diesem Thema keinen weiteren Raum. Erstaunt war er allerdings, dass er an diesem Abend auf der Kanzel Pfarrer Pförtner predigen hörte. Eben jenen, der ihm vor Zeiten die Kirche sauer gemacht hatte. Wie er später hörte, war Pförtner als Unterstützung des von ihm erwarteten Pfarrers vor Kurzem in diese Gemeinde gekommen, was ihm als „Feiertagskirchgänger" verborgen geblieben war.

Christus wäre draußen geblieben

Noch am zweiten Weihnachtsfeiertag setzte er sich an die Schreibmaschine und verfasste einen Leserbrief an die lokale Tageszeitung. Dieser beschrieb die Ereignisse detailliert, klagte die Vorgehensweise des Hausmeisters in scharfem Ton an und endete mit dem Satz: „Ich bin mir sicher, dass, wäre Christus unter den Wartenden an der Eingangstür gestanden, er hätte darauf verzichtet dieses Haus zu betreten". Er schickte den Brief am nächsten Tag mit der Post an die Redaktion und auch eine Kopie an das Pfarramt eben jener Kirche.

Am Morgen danach wurde er zu früher Stunde angerufen. Am Apparat meldete sich Pfarrer Pförtner. Er verbarrikadierte sich hinter einem langwierigen, das eigentliche Thema nur entfernt streifenden Gespräch und endete damit, dass er meinen Klienten ganz direkt und völlig unbegründet aufforderte, seinen Brief an die Zeitung zurückzuziehen. Was er eventuell sogar in Erwägung gezogen hätte, hätte Pförtner darauf verzichtet, seinen Hausmeister in Schutz zu nehmen, indem er ihm die Entscheidungsgewalt für solche Aktionen durchaus zubilligte. Mein Klient antwortete, dass er sich vor allen Dingen als ein Sprachrohr derjenigen sah, die vielleicht nicht in der Lage waren, sich schriftlich Luft zu machen, und diesen

Brief keinesfalls zurückziehen würde. Pförtner strengte sich hörbar an, nicht die Contenance zu verlieren, versuchte ihn erneut umzustimmen und legte dann mit dem Ausdruck tiefen Bedauerns auf.

Der Klient bekannte mir gegenüber, dass er die Situation in vollem Maße genossen hatte. Das ausgerechnet dieser Pförtner vor ihm zu Kreuze gekrochen war, war eine für ihn außerordentlich befriedigende Situation, die ihn für seine unglückliche Konfirmandenzeit mehr als entschädigte.

Irrungen, Wirrungen

Die nächsten Tage schlug er mit Interesse die Tageszeitung auf, immer zuerst nach einer Leserbriefseite suchend. Am dritten Tag wurde seine Suche belohnt und er las dort einen Brief, der sich zwar mit diesem Thema ausführlich beschäftigte, aber nicht sein Brief war. Es war eine Art Gegendarstellung, die sich inhaltlich voll und ganz auf seinen Brief bezog, nur war sein eigener Brief bisher noch gar nicht erschienen. Pförtner hatte sich mit diesem Brief viel Mühe gemacht. Eines seiner Argumente war, dass solch eine Demonstration wenigstens angekündigt sein müsste und er sich dann auch sicher darüber Gedanken gemacht hätte, dies an einem solchen Abend vielleicht auch in die Predigt zu integrieren. Die Tatsache allerdings, dass diese Rechtfertigung ohne Bezug zu einem Brief blieb, der bislang überhaupt noch nicht erschienen war, machte all dies schlicht und einfach völlig unverständlich.

Mein Klient schrieb noch am selben Tag an den Chefredakteur und fragte an, ob dies eine allgemein übliche Praktik seiner Zeitung sei, erst die Reaktionen und dann erst den eigentlichen Brief auf der Leserseite zu veröffentlichen. Was er nicht mehr erwartet hatte, geschah dann doch, und am übernächsten Tag war sein Brief auf der Leserseite zu finden. Der ergab wiederum im Gegensatz zum Antwortbrief Pförtners Sinn und blieb somit ohne weitere Antwort.

Erst jetzt, nachdem er mir dies erzählt hatte, wurde meinem Klienten klar, dass er seine Erfahrungen aus der Konfirmandenstunde bei Weitem noch nicht wirklich bewältigt hatte. Er bemerkte, dass es nicht um seine Solidarität gegenüber den Tierschützern ging, sondern um einen Privatkrieg zwischen ihm und Pfarrer Pförtner – und diesen Krieg hatte er durch die verschiedensten Umstände, die ihm günstig gewogen waren, auf ganzer Linie gewonnen. Es war ein Sieg, der den Sieger aus seiner einstigen Unmündigkeit und Knechtschaft ein Stück weit befreite. Es war nicht mehr ein Kampf gegen die Religion, wie sie ihm vielleicht noch Jahre zuvor gut zu Gesicht gestanden hätte, denn er hatte sich bereits über andere Wege zu einer individuellen Haltung gegenüber den großen Fragen des Daseins durchgerungen. So war er dank Pförtners Reaktion in die Lage versetzt worden, sich einen der dunklen Aspekte jener grauen, noch immer von autoritärem Sodbrennen der NS-Zeit geprägten Nachkriegszeit ins Bewusstsein zu rufen. Indem er diesem Vertreter anmaßender Autorität die Stirn bot – ihn auf seinen Platz verweisen konnte – hatte er den Himmel seiner Nachkriegs-Erinnerungswelt auch ein wenig heller und lichter gemacht.

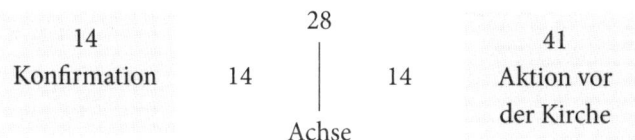

Spiegelungen im Alter von etwa 31,5 Jahren

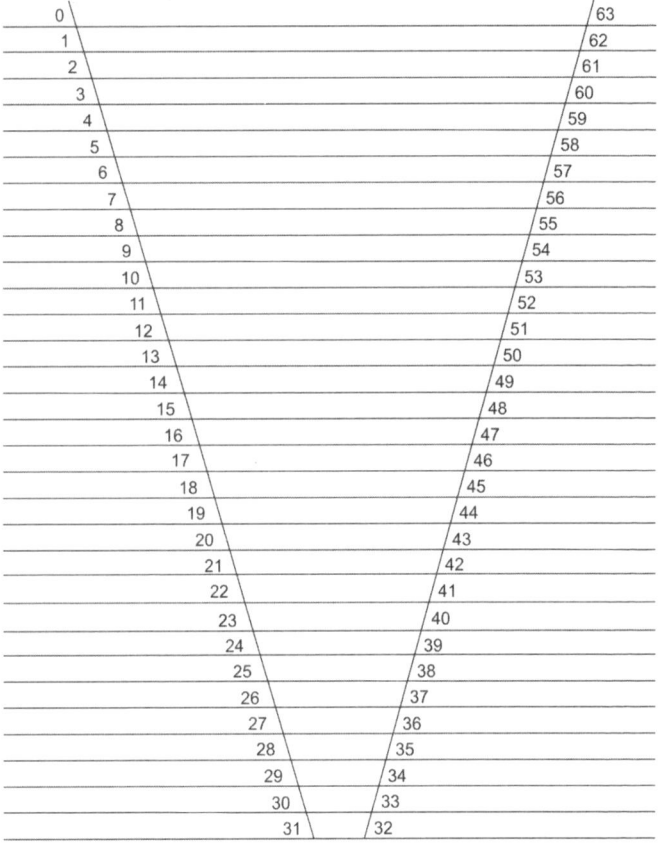

0 — 63
1 — 62
2 — 61
3 — 60
4 — 59
5 — 58
6 — 57
7 — 56
8 — 55
9 — 54
10 — 53
11 — 52
12 — 51
13 — 50
14 — 49
15 — 48
16 — 47
17 — 46
18 — 45
19 — 44
20 — 43
21 — 42
22 — 41
23 — 40
24 — 39
25 — 38
26 — 37
27 — 36
28 — 35
29 — 34
30 — 33
31 — 32

31,6

Bei der 21er Achse handelt es sich noch darum, dass ich von nun an in der Lage bin, meine Persönlichkeit zu formen. Dinge, die ich an mir bemängele, vermag ich insofern zu verbessern, als ich aus meinem Bewusstsein heraus Verhaltensmuster umgestalten kann, die mir helfen, meine Persönlichkeit in meinem mir eigenen Sinne auszugestalten. Mein soziales Umfeld ist meine „Spielwiese", auf der ich mich seelisch austobe, diese und jene Verhaltensweise an den Tag legen kann, wie es mir gerade passt. Es geht darum auszutesten, wie weit ich meine Selbstüberschätzung treiben kann, bevor sie sich in Selbstzweifel ergeht. Bei den vorgenannten beiden Beispielen mit einer Achse von 21 Jahren handelt es sich jeweils um eine individuelle Entwicklungsgeschichte, die sich über einen Großteil der Lebenszeit hinzieht.

Wem Spiegelungen dieser Art entgegenkommen, dem kann deutlich werden, dass sich – wie im ersten Fall – seine Lebensaufgabe, seine Lebenssehnsüchte zumindest im Beruflichen ausleben ließe. Es geht dabei nicht um die Erkenntnis: „Ich habe in meinem Leben *alles* prima auf die Reihe bekommen." Denn eine derartige „Erkenntnis" stellt sich über kurz oder lang immer als eitler Trugschluss heraus. Was sich darstellt ist eine Begegnung mit dem Du des anderen Menschen oder dem „Wir" einer Gemeinschaft. Ein Hinweis auf die Aufgabe, nicht ein Beweis für ihre endgültige Lösung.

Doch kann ich mich durch diese Rückschau, die mir die Spiegelung ermöglicht, in meinen Handlungen umfangreicher erkennen. Ich kann bemerken, dass die in der Vergangenheit möglich gewordenen Lebenswege in diesem oder jenem Fall etwas mit meiner Lebensaufgabe zu tun haben. Ich bemerke, dass ich der Welt, insofern sie meinem Tun ein Feedback in Form äußerer Ereignisse zur Seite stellt, offensichtlich nicht gleichgültig bin. Dass mir, unter anderem von Mitmenschen, Wege geebnet wurden, als ob sie aus ihrem Unterbewusstsein darüber ein Wissen hatten, mich genau an jene Orte zu führen, an denen ich Impulse für mein weiteres Tun erhalten konnte. Dies wirkt wiederum sinnstiftend und stärkend in dem Sinne, dass ich mich durch diese Erkenntnis von der Welt in meinem Tun unterstützt fühle.

Im zweiten Fall – „Pförtner" – spielt die Verantwortung als Thema der 28er Spiegelung eine zentrale Rolle. Bin ich bereit, mich von meiner gesunden Unverantwortlichkeit der zwanziger Jahre zu verabschieden? Bin ich bereit, auf Kosten meiner Jugendlichkeit mich dem Leben neu zu stellen, indem ich dem immer stärker werdenden Impuls nachgehe, mich von nun an verantwortlich gegenüber mir und auch meinen Mitmenschen gegenüber zu verhalten? Will heißen: Bin ich bereit, erwachsen zu werden?

Die Spiegelung mit 31,5 Jahren befindet sich nun im Mittelpunkt der neun Jahrsiebte, die im Wesentlichen unsere Entwicklung bestimmen.

Das neunte Jahrsiebt zwischen dem 56. und dem 63. Lebensjahr bildet insofern eine abschließende Schwelle, als nun alle Entwicklungskräfte, die uns im Leben von außen zufließen können, einen gewissen Abschluss finden. Damit ist aber keineswegs eine weitere Entwicklung unseres Seelenlebens verunmöglicht oder etwa abgeschlossen. Aufgerufen sind wir jetzt, die uns zuvor gegebenen Seelenkräfte mit vollem Bewusstsein tatkräftig auszubilden. Aufgabe dieser Entwicklung ist für jeden einzelnen Menschen die Ausbildung einer Altersweisheit, vornehmlich von dem, was traditionell erhaltenswert ist, anzustreben.

Bei dieser Spiegelung mit 31,5 Jahren können sich alle Ereignisse, die in dem Zeitabschnitt von 0 bis 31,5 und von 31,5 bis 63 Jahren stattgefunden haben, gegenüberstehen. Ein Mittelpunkt des Lebens, um den sich alles, was sich bis zum 63. Lebensjahr zugetragen hat, spiegeln kann.

Hier kann uns die Begegnung mit der Spiegelung vor allen Dingen bei der Frage helfen, der wir uns zuvor bei der 28er Schwelle gestellt haben: War ich bereit, erwachsen zu werden? Um dies verständlicher zu machen bedarf es nun vielleicht doch einer weiteren Betrachtung über die Spiegelungen hinaus, indem wir uns mit den biographischen Gesetzmäßigkeiten noch ein wenig eingehender beschäftigen:

Die zweite Pubertät: Abschied von der „Selbstverständlichkeit" erfordert Mut

So, wie wir uns mit 28 Jahren von unserer Jugend ein für alle Mal verabschieden, so verabschieden wir uns mit 42 Jahren von der „Selbstverständlichkeit". All unserem Tun lag bis zu diesem Zeitpunkt ein Selbstverständnis zu Grunde, das nun urplötzlich nicht mehr gegeben ist. Wir stehen allein in der Welt, alle guten Geister haben uns verlassen und wenn auch nicht ganz verlassen, so haben sie sich doch auf eine Beobachterposition zurückgezogen. Wir sind zum ersten Mal in unserem Leben in der Lage, frei zu sein. Atemberaubend frei, mit den Füßen auf dem Treibsand einer Verantwortung, die wir auch wahrhaftig zu verantworten haben. Wie kann ich frei sein, wenn ich in der Zwischenzeit so viele Verpflichtungen eingegangen bin? Wohin kann ich mich wenden, wenn ich noch so viele Ratenzahlungen abzuzahlen habe? Welchen Weg kann ich in meinem Beruf noch einschlagen, welche Freiheiten habe ich, wenn mir wegen Überalterung die mögliche

Kündigung droht? Und wenn ich eine andere berufliche Laufbahn einschlage, bin ich nicht schon zu alt dafür?

Das Leben ist zu diesem Zeitpunkt meistens bereits „rundumversichert", aber wir wissen: Das Leben ist lebensgefährlich und endet meist tödlich, wie dies Erich Kästner zu sagen wusste. Es wird uns eine gehörige Portion Mut abverlangt, uns auf den Weg zu unserem Selbst zu machen. „Erkenne dich selbst!" lautet das Motto. Und der Selbstzweifel gehört dazu. Mit der Selbstüberschätzung hat es nun endgültig aufgehört, auch wenn Unbelehrbare dies gerade in dieser Lebenszeit lautstark propagieren. Wir sehen zum ersten Mal das Ende und wissen um die Vergänglichkeit allen Seins – dazu braucht es Mut. Wir schöpfen die Energie dafür aus einer Kraft, die jedem in dieser Phase zur Verfügung steht. Wenn wir uns genügend Selbstvertrauen entgegen zu bringen bereit sind, ist dies eine Kraft, die sich nun nicht mehr dem materiellen Anhäufen von Gütern zur Verfügung stellt, sondern einzig und allein das geistige Streben zum Ziel hat. Wo immer wir bereit sind, uns über das Materielle hinaus zu entwickeln, wird unser Streben durch diese „Mutkraft" Unterstützung finden.

In gewisser Weise steht dieses Jahrsiebt in Verbindung mit dem Beginn unseres dritten Jahrsiebtes (14 – 21). Denn dort waren wir Abhängige unseres „inneren Umbaues" in der Pubertät, nun aber sollten die letzten Nabelschnüre gekappt sein und wir sollten gelernt haben, ohne Netz und doppelten Boden und mit dem Verzicht auf jegliche Tricks, auf dem Hochseil des Lebens zu balancieren.

Vom 49. Jahr an bis zum 56. Jahr – dem achten Jahrsiebt – werden uns Erlebnisse begleiten, die uns eine gewisse Gelassenheit abverlangen. Es rücken junge Menschen nach, die Fähigkeiten haben, mit denen sie uns in den Dingen, von denen wir glaubten, dass wir sie beherrschen, weit überlegen sind. Der Chef, der jeden Morgen der Erste im Büro und am Abend der Letzte ist, zeigt, dass er Angst hat, diese Jungen könnten ihm das Stuhlbein ansägen. Es ist an der Zeit, sich in Gelassenheit zu üben, damit diese Panikstimmung nicht aufkommt. Angst, die wie ein schleichendes Gift eine Führungspersönlichkeit kontaminieren kann, ist immer der schlechteste Berater und kann zu Kurzschlusshandlungen führen. Weniger ängstliche Führernaturen blühen in diesem Alter erst richtig auf. Im römischen Senat war es verboten, vor dem 45. Lebensjahr das Wort zu ergreifen. Eine politische Karriere beginnt in diesem Alter. Es ist die Zeit, um Richtlinien zu geben, Vorträge zu halten, Vorbild zu werden.

Nicht umsonst geben Politiker, die sich bereits in ihren Dreißigerjahren in eine hohe politische Verantwortung getrieben sehen, kein verlässliches, sondern eher ein recht unglückliches Bild ab.

Über das Ich zum Du zum Wir

Das neunte Jahrsiebt, zwischen dem 56. und 63. Jahr. Neue Horizonte tun sich auf. Eroberungen können gemacht werden auf Gebieten, die nie zuvor betreten wurden. Und zum Unterschied der Eroberungen, die sich im fünften Jahrsiebt – zwischen 28 und 35 Jahren – getan wurden, finden diese Eroberungen nicht auf Kosten anderer statt. Dieses Jahrsiebt steht in Verbindung zu dem Beginn unseres zweiten Jahrsiebts, in dem wir abhängig von den Erwachsenen und Lehrern die Welt aus zweiter Hand erfahren haben. Menschen, von denen wir erwarteten, dass sie wissen wo der Lichtschalter ist, wenn es hell werden soll. Nun müssen wir selbst in der Lage sein, uns Licht zu geben. Es handelt sich dabei um ein inneres Licht. Der Mut des sechsten Jahrsiebtes und die Gelassenheit des siebten Jahrsiebtes sind die Grundlagen dafür, dass wir nun das Geschenk der Weisheit empfangen dürfen.

Mit 63 Jahren können wir diese errungenen Lebensweisheiten wieder an die Welt zurückgeben. Keine Kindergärtnerin und kein Kindergärtner versteht sich so gut auf diese „Frischlinge", die sich noch völlig unbedarft die Welt erobern, wie eine Frau oder ein Mann in diesem Alter. Großeltern haben im Vergleich mit den Eltern einen völlig anderen Zugang zu ihren Enkeln. Die einen, die Enkelkinder, sind gerade angekommen und die anderen, die Großeltern, wissen von ihrem immer näher rückenden Abschied von dieser Welt, nach dem Motto: „Lass die Eltern doch ihren Geschäften nachgehen, wir beide wissen es doch viel besser, auf was es im Leben ankommt."

Im eigentlichen Sinne ist der Mensch ab dem 63. Lebensjahr von den vorgenannten Gesetzmäßigkeiten wie freigestellt. Er braucht diese „Freiheit" auch dringend, denn wenn wir in Bezug auf das siebte Jahrsiebt von einem Alter des „Mutes" sprechen sowie in Bezug auf das achte von der Zeit, in der es Gelassenheit zu entwickeln gilt, um dann zwischen 56 bis 63 Jahren Schritte in Richtung Weisheit tun zu können, dann heißt das nicht, dass wir diese Eigenschaften einfach als Geschenk empfangen. Diese Aufgabe wird vielleicht in ihrer umfassenden Schwierigkeit durch ein allgemein bekanntes Gebet verdeutlicht:

„Herr, gib mir den Mut, die Dinge zu ändern, die ich ändern kann, die Gelassenheit, das Unabänderliche zu ertragen und die Weisheit, zwischen diesen beiden Dingen die rechte Unterscheidung zu treffen."

Franz von Assisi zugeschrieben

Dies kann Aufgabe genug sein, sich für die Zeit nach ruheloser Erwerbstätigkeit und mit Sicherheit zu erwartenden körperlichen Einschränkungen zu rüsten. Da gilt es, viele Jahre, oft noch Jahrzehnte, sinnvoll zu nutzen. Sinnvoll altern bedeutet, bereit zu sein, eingefahrene Vorstellungen täglich über Bord zu werfen und sich mit bisher ungedachtem Denken zu verjüngen. Den körperlichen Abbau kann man erträglicher gestalten, wenn man ihm geistige Frische entgegenhält. Es gibt noch immer Fähigkeiten zu entdecken, die bislang das Licht der Öffentlichkeit gescheut haben. Ein Hobby schafft dabei keine Abhilfe, es muss eine Fähigkeit sein, die zur Berufung werden kann und die sich einen Platz im Sozialen sichert. Die Suche nach Möglichkeiten, meine Erfahrungen der Welt zurückzugeben und jede Gelegenheit zu nutzen, dies auch zu tun, kann einem Menschen im Rentenalter zum Jungbrunnen werden lassen. Die westliche Zivilisation scheint sich viel davon zu versprechen, die Menschen durch ihr ganzes Leben hindurch im dritten und vierten Jahrsiebt festzunageln, um ihnen so ein Leben lang Turnschuhe und sonstige Attribute ewiger Jugend verkaufen zu können. Potemkinsche Dörfer, deren hohle Fassaden nur die Trostlosigkeit eines hoffnungslosen Dahinalterns verbergen.

„Jeder Mensch ein Künstler" – diese so oft missverstandene Aussage von Joseph Beuys bedeutet nicht, dass jeder Mensch die Fähigkeit erwerben muss, sich als Schriftsteller oder Maler zu beweisen, sondern dieses „Künstlertum" meint ein lebenslanges Ringen um die soziale Kompetenz, das Bemühen, sich ungeachtet jedweder Konventionen immer wieder neu für das im Augenblick Wesentliche zu entscheiden. Was wesentlich ist, entscheidet das Individuum allein für sich, denn der Mensch ist dazu bestimmt, eine innere Freiheit zu erkämpfen, die sich im Äußeren durch seine moralischen Handlungen ausdrückt. Dieses Bedürfnis, das heute bei den meisten Menschen zwar vorhanden ist, aber dennoch ein karges Dasein fristet, kann aus der Arbeit an der eigenen Biographie wachsen, an Sicherheit gewinnen und eine Perspektive für das künftige Leben werden. Je mehr ich mein Leben unter diese Prämisse stelle, desto befriedigter werde ich an meinem Ende den Blick zurückwenden und sagen können: Das war es wert. Ich habe zwar weder die Welt nicht retten können noch habe ich die Lösungen für ihre Probleme gefunden, doch es war wunderbar!

Bei der Biographiearbeit geht es immer nur um seelisch-geistige Entwicklung. Indem ich lerne, mit mir selbst gnädiger umzugehen, kann ich auch gnädiger mit anderen umgehen. Das gilt gerade dann, wenn ich vielleicht feststelle, dass mein „größter Feind" in einem bestimmten Lebensabschnitt dazu beigetragen hat, dass ich einen wertvollen Entwicklungsschritt überhaupt vollziehen konnte.

Weil wir in der Biographiearbeit eigene Entwicklungsschritte erkennen und nachvollziehen können, stellt sich ein Wissen darüber ein, dass nichts nach dem Zufallsprinzip entsteht: Weder das Leben, das uns geschenkt wurde, noch das Milieu, in dem wir aufwachsen, noch die Ereignisse, denen wir uns in diesem Leben gegenübergestellt sehen. Wir wählen aus der Vielzahl der möglichen Ereignisse, denen wir im Leben begegnen, immer öfter diejenigen aus, die – einmal ergriffen – unser Marschgepäck immer mehr und mehr ergänzen. Wir lernen dabei zu sortieren, was für unsere Zukunft wichtig sein könnte. Wir lernen wissentlich auszuwählen, was sich vielleicht mit unserem roten Faden verweben lässt, wir scheiden mehr und mehr die Spreu vom Weizen. Wie leicht oder wie schwer unser Rucksack dabei wird, ist nun ganz unserer eigenen Entscheidung überlassen.

Die Freiheit nehm' ich mir!

Spiegelungen, deren Spiegelachse das Alter von etwa 31,5 Jahren ist, sind sehr oft nicht vom einzelnen Ereignis, sondern durch einen Prozess zu bestimmen. Das Augenmerk ist dann, wenn sich nicht sogleich einzelne Ereignisse herausschälen, auf prozesshafte Entwicklungen zu richten.

– Inwieweit habe ich mich in meinem Leben auf einen eigenen Weg begeben können, oder habe ich immer wieder das Gefühl, gelebt zu werden?
– Wann habe ich das letzte Mal etwas zum ersten Mal gemacht?
– Gibt es überhaupt noch Neues für mich in der Welt und wie verhält es sich mit meinen Plänen und Wünschen, die ich in meiner Jugend in mir trug?
– Sehe ich die Zukunft nur darin, weiterhin körperlich fit zu bleiben, oder bin ich bereit, mich dem Risiko neuer Gedanken auszusetzen, die vielleicht nicht nur meine Umwelt erstaunen, sondern auch für mich überraschend sind?

Aber es können auch einzelne Entschlüsse sein, wie der, sich dem Vergangenen neu gegenüberzustellen. Nicht eine Wiederholung des Gewohnten, sondern ein neues, aus einem Freiheitsimpuls heraus gestaltetes Handeln.

Wenn sich zum Beispiel eine meiner Klientinnen daran erinnert, wie sie ab dem 13. Lebensjahr auf Geheiß der Eltern Klavierunterricht nehmen musste, ihre Klavierlehrerin jedoch hasste und somit auch dieses Instrument. Wie die wöchentliche Unterrichtstunde ein Alptraum war … und wie sie sich dann mit 50 Jahren ohne äußeren Druck wieder diesem Instrument näherte. Beruflich gut eingebunden, hatte sie die finanzielle Freiheit, sich einen stadtbekannten Pianisten zum Lehrer zu nehmen. Dies alles nur um der Musik willen und ohne die geringste Ambition, sich in der Öffentlichkeit zu präsentieren.

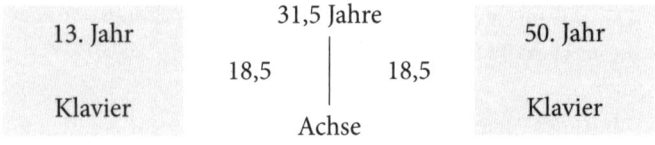

Eine Spurensuche im Lebensweg von Samuel Beckett

Meine ersten „Gehversuche" mit Spiegelungen und dem vorgenannten Lebenstableau habe ich unternommen, als ich mich bei meiner Abschlussarbeit zum Biographieberater mit Samuel Becketts Biographie beschäftigte. Zu dieser Zeit konzentrierte ich mich als Debütant auf diesem Gebiet lediglich auf die drei „Klassiker" 21 Jahre, 28 Jahre und 31,5 Jahre als Spiegelungsachse und ließ Spiegelungsachsen außerhalb dieser Vorgaben weitestgehend außer Acht. Dass es auch Achsen gibt, die sich auch an anderen Lebensjahren verorten lassen, werden wir später in diesem Buch sehen.

Samuel Barclay Beckett (*13. April 1906 in Dublin; † 22. Dezember 1989 in Paris) war ein irischer Schriftsteller. Er gilt als einer der bedeutendsten Schriftsteller des 20. Jahrhunderts und wurde 1969 mit dem Nobelpreis für Literatur ausgezeichnet. Sein bekanntestes Werk ist das Theaterstück *Warten auf Godot (En attendant Godot)*, das am 5. Januar 1953 in Paris uraufgeführt wurde. Weltbekannt wurde der folgende Dialog:

Estragon: *Komm, wir gehen!*
Wladimir: *Wir können nicht.*
Estragon: *Warum nicht?*
Wladimir: *Wir warten auf Godot.*
Estragon: *Ah!*

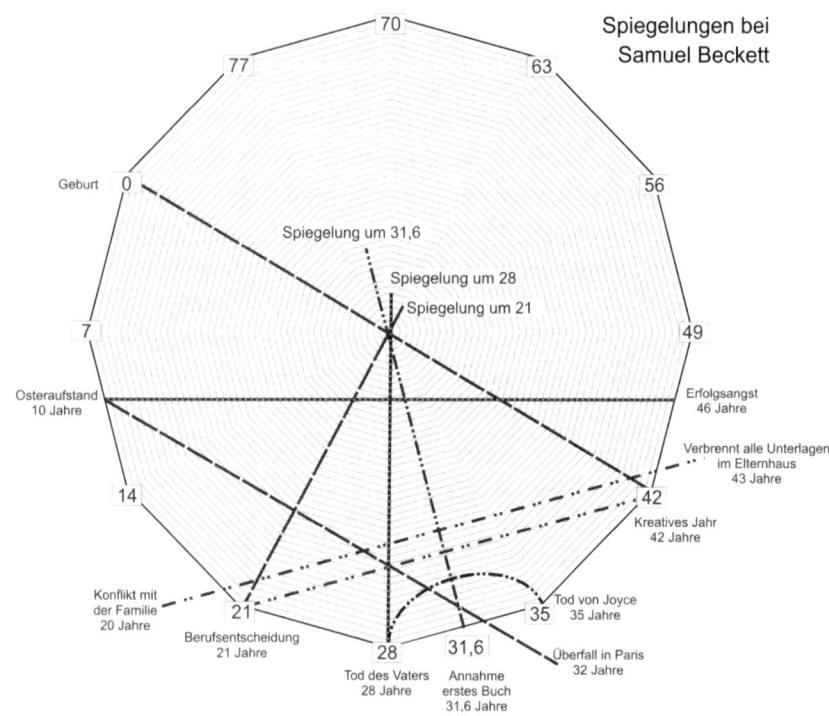

Spiegelungen bei
Samuel Beckett

Geburt 0

Spiegelung um 31,6

Spiegelung um 28

Spiegelung um 21

70

77

63

56

7

49

Osteraufstand
10 Jahre

Erfolgsangst
46 Jahre

Verbrennt alle Unterlagen
im Elternhaus
43 Jahre

14

42

Kreatives Jahr
42 Jahre

Konflikt mit
der Familie
20 Jahre

21

Berufsentscheidung
21 Jahre

28

Tod des Vaters
28 Jahre

31,6

Annahme
erstes Buch
31,6 Jahre

35

Tod von Joyce
35 Jahre

Überfall in Paris
32 Jahre

Die Spiegelung um das 21. Jahr bei Beckett

Lebensmission: Geburt 1906 (0) - Entschluss Schriftsteller zu werden (21) - Kreatives Jahr (42).

Berufliche Entwicklung: Der Entschluss mit 21 Jahren, Schriftsteller zu werden, ist mit Sicherheit ein Entschluss, der weitreichende Folgen für Becketts Leben hatte. Diese Entscheidung gegen alle bürgerliche Vernunft und ganz besonders gegen das Elternhaus, bildet einen zentralen biographischen

Einschnitt, um den sich seine Geburt und das 42. Lebensjahr spiegeln. Das 42. Jahr, das eindeutig das kreativste in seinem künstlerischen Schaffen bedeutet und seinen späteren Weltruhm einleitet.

Gewalt: Osteraufstand (10) – (21) – Überfall in Paris (32).

Eine weitere bemerkenswerte Spiegelung ist das Erlebnis, das Beckett als kleiner Junge mit zehn Jahren zusammen mit seinem Vater hatte, als dieser ihm von einem Berg aus – weitab vom eigentlichen Geschehen – das während des Osteraufstands 1916 brennende Dublin zeigte. Beckett selbst war von diesem Anblick tief erschüttert und erzählte bis weit über die Mitte seines Lebens hinaus bei verschiedensten Anlässen immer wieder davon. Diese erste Berührung mit physischer Gewalt spiegelt sich elf Jahre nach seinem 21. Lebensjahr, als ihm persönlich physische Gewalt angetan wird, indem er von einem Zuhälter in Paris mit einem Messer attackiert und schwer verletzt wird.

Die Spiegelung um das 28. Jahr: Hilflosigkeit. Osteraufstand (10) – Tod des Vaters (28) – Angst vor dem Erfolg (46).

Mit 28 Jahren stirbt sein Vater und er leidet unter Angsttraumata. Schauen wir wieder 18 Jahre zurück auf den Osteraufstand 1916. Damals erlebt Beckett ein Gewaltpotenzial in der äußeren Lebenswirklichkeit, das ihn hilflos zurücklässt. Dann mit 28 Jahren die Hilflosigkeit sich selbst gegenüber, indem er seinen Ängsten und dem Tod (seines Vaters) ausgesetzt ist, und 18 Jahre später die Angst vor dem plötzlichen Erfolg. Wobei die Versuche Becketts, diesen Erfolg zu bewältigen, sich darin äußern, dass er über alles, was veröffentlicht wird, die totale Kontrolle behalten will. Er versucht mit Perfektion und Disziplin seine Angst zu überwinden. Sein Misstrauen seiner eigenen Arbeit gegenüber bleibt ihm bis ins Alter erhalten und so flüchtet er sich dahin, seine Arbeit und sein Leben in ihrer Bedeutung herunterzuspielen, oft zynisch zu belächeln, es aber andererseits durch Perfektion und persönlichen Rückzug unangreifbar zu machen.

Die Spiegelung um 31,5 Jahre: Vater und Übervater. Tod des Vaters (28) – Annahme des ersten Buches (31,5 Jahre) – Tod von James Joyce (35).

Mit 31,5 Jahren wird sein erstes Buch angenommen. Spiegelt man die Ereignisse dreieinhalb Jahre zuvor mit denen dreieinhalb Jahre danach, stehen sich seine „beiden Väter" mit deren Tod gegenüber. Der Vater, der den Sohn – ohne das Wissen der Mutter – heimlich in Paris unterstützt und den der Sohn seine ganze Kindheit hindurch abgöttisch liebt. Da die Mutter ihre Kinder mit ihren Eheproblemen belastet und im Glauben ist, im protestantisch-moralischen Sinn ein gottgefälliges Leben zu führen, wird Beckett in seiner Kindheit zum Komplizen seines Vaters, dessen Lebensauffassung ihm näher steht. So lebt er unter starken Schuldgefühlen, da er das vermeintlich Gute – verkörpert von seiner Mutter – nicht im gleichen Maße zu leben bereit ist.

Nachdem er sich die Gunst von James Joyce, seinem Pariser „Übervater", erworben hat, ist er ängstlich bemüht, dass ihm diese Gunst auch erhalten bleibt. So trägt er zum Beispiel die gleichen Schuhe wie Joyce und er trägt sie unter Schmerzen, da sie auch die gleiche Größe wie die von Joyce haben müssen (obwohl er weitaus größere Füße hat). Dieser „neue Vater" ist wesentlich verhaltener in seiner Gunst Beckett gegenüber und nutzt im Gegenteil Becketts Verehrung skrupellos aus. So wird er zum scheinbaren „Verhinderer", der aber durch seine

Abgrenzung und seinen plötzlichen Tod befreiend gegenüber Beckett wirkt und ihn damit auf dessen eigenen literarischen Weg verweist. Wie stark Joyce eine Vaterfigur für Beckett verkörperte, kann man aus dem Umstand erkennen, dass er die sich anbahnende Beziehung zu dessen Tochter Lucy wie einen Inzest empfindet und deshalb sogar ein Zerwürfnis mit Joyce in Kauf nimmt.

Überwindung des Elternhauses: Konflikt mit der Familie (20) – Annahme des ersten Buches (31,5) – Verbrennen sämtlicher Unterlagen im Elternhaus (43).

Becketts Familie erwartet von ihm, dass er eine bürgerliche Karriere antritt. Beckett kann und will dem nicht folgen. Der sich daraus ergebende Konflikt gegen Ende des dritten Jahrsiebtes spiegelt sich mit dem Verbrennen aller seiner schriftlichen Unterlagen, die er in seinem Elternhaus zurückgelassen hatte. Gerade die „Spiegelungsmitte" mit 31,5 Jahren – die Annahme seines ersten Buches – macht die Bedeutung der Ereignisse deutlich. Alle drei Ereignisse sind auch gleichzeitig „vorbereitende Ereignisse" zu einer endgültigen Entscheidung, insofern als den Problemen in der Familie gegenüber die Entscheidung folgt, Schriftsteller zu werden; der Annahme des Buches folgt die Entscheidung Theaterautor zu werden; und mit dem Verbrennen der Unterlagen stand eine endgültige Loslösung von seiner Mutter bevor.

Der Weg des Künstlers: Berufsentschluss (21) – Annahme des ersten Buches (31,5) – Kreatives Jahr (42).

Wille, Akzeptanz und Erfolg. In diesem Ablauf finden wir die Akzeptanz in Form der Annahme seines ersten Buches, um dessen Veröffentlichung er jahrelang gerungen hatte, in der Mitte als Spiegelungsachse stehen. Der anfängliche Wille Schriftsteller zu werden, mit 21 Jahren noch eine reine Fiktion, da er noch kein Werk vorweisen kann, findet als Spiegelung nach zehneinhalb Jahren in der ersten Akzeptanz eines Werkes seinen Niederschlag und drückt sich zehneinhalb Jahre später in einer wahren Schaffenswut aus, die selbstzerstörerische Formen anzunehmen droht.

Die drei Klassiker

Zusammenfassend sei gesagt, dass die Forschung bevorzugt drei „klassische" Spiegelungsachsen aufzeigt, die auf folgende Entwicklungsmöglichkeiten hinweisen:

- Die Spiegelung um das 21. Lebensjahr: Diese kann man meist mit der Ausbildung von Charaktereigenschaft in Verbindung bringen.
- Die Spiegelung um das 28. Lebensjahr: Hier geht es meist um die Ausbildung des Verantwortungsgefühls.
- Die Spiegelung um das 31. Lebensjahr und sechs Monate: Hier steht die Ausbildung der Individualität im Sinne der Lebensaufgabe im Zentrum.

Spiegelungen, deren Achse bei 21 Jahren liegt, zeigen uns auf, ob wir darauf aufmerksam geworden sind beziehungsweise die Notwendigkeit erkannt haben, unsere bislang wild wuchernden Temperamente einer aus eigener Anstrengung heraus geborenen Sozialisierung zu unterziehen. Das Milieu, in das ich hineingeboren wurde, hat mir den Start in mein Leben ermöglicht. Im besten Falle war ich gewollt, versorgt und geliebt. Das Wertesystem des Elternhauses hat mich geprägt, hat mein Gewissen ausgestaltet und dennoch nie ganz verhindern können, dass ich oftmals meinen Temperamenten hilflos ausgeliefert blieb. Mehr oder weniger wurde bei der Erziehung meine Individualität respektiert, vielleicht auch ignoriert.

Zwischen der Geburt und dem 21. Lebensjahr (insgesamt drei Jahrsiebte lang) bin ich der unmittelbaren Vorprägung meiner Charaktereigenschaften unterworfen. Des Weiteren stehe ich ebenfalls unter dem prägenden Einfluss der Menschen aus meinem näheren und weiteren Umfeld. Erst nach dem dritten Jahrsiebt kann es dazu kommen, dass ich meine so geformten Charaktereigenschaften im Sinne meiner Lebensaufgabe umgestalte. Diese Selbsterziehung ist in den Jahren zuvor nur bedingt möglich.

Die zweite Spiegelungsachse (um das 28. Lebensjahr) kann mir aufzeigen, wie weit ich mich in Hinsicht auf mein Verantwortungsgefühl entwickelt habe. Dazu können uns die bereits geschilderten Ereignisse als Beispiel dienen.

Im vierten Jahrsiebt (zwischen dem 21. und 28. Jahr) kann ich gerade dadurch, dass ich diese Zeit möglichst „verantwortungslos" durchlebe, ein Bewusstsein dafür entwickeln, dass es so etwas wie Verantwortung im eigentlichen Sinne überhaupt gibt. Denn wer in der Zeit vor dem 28. Lebensjahr aus gewissen Lebensumständen heraus die volle Verantwortung für sein Tun übernehmen muss, wird es beim Übergang zum fünften Jahrsiebt (28 bis 35 Jahre) besonders schwer damit haben, die nun mit Recht für das weitere Leben geforderte Verantwortung übernehmen zu können. Ein Verantwortungsgefühl kann sich meist nur dann aus freiem Entschluss entwickeln, wenn wir zuvor eine Zeit der Unverantwortlichkeit ausleben durften. Sollte es so sein, dass wir verfrüht in ein verantwortliches Handeln hineingezwungen würden, haben wir es hier mit einer Lebenssituation zu tun, die es im späteren Leben verlangen könnte, im Sinne einer Erkenntnisarbeit (Biographiearbeit) sich mit Bewusstsein diesen vergangenen Lebensumständen gegenüberzustellen. So steht das 28. Lebensjahr als Spiegelungsmittelpunkt auch für den unwiderruflichen Abschied von der Jugendzeit. Die dritte Spiegelungsachse (31,5 Jahre), die sich auf die Ich-Entwicklung bezieht, kann aufzeigen, ob ich damit begonnen habe, meinen „roten Faden" für mein Leben anzunehmen und mich auf den Weg gemacht habe, diese „Mission" zu erfüllen.

Das Lebenstableau

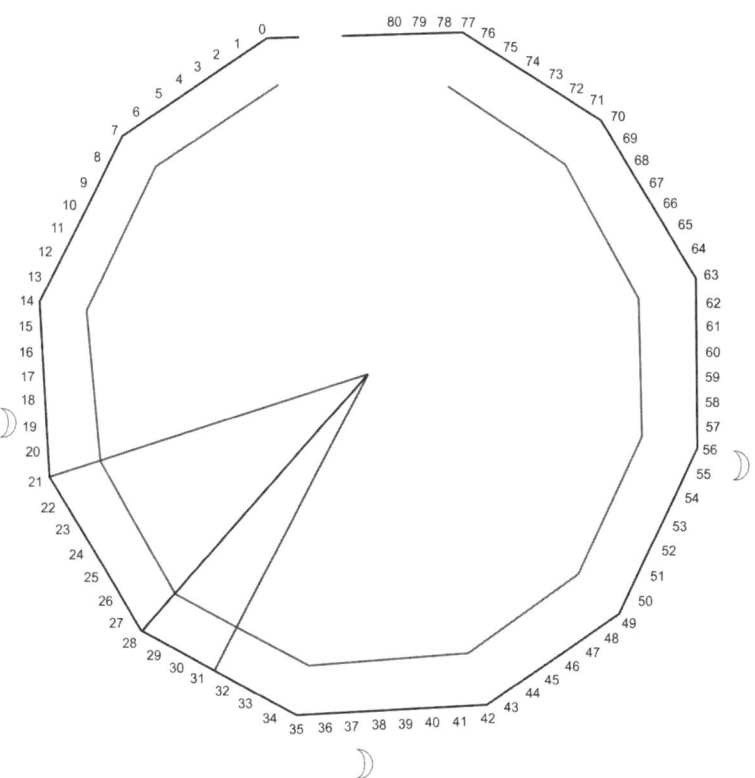

Die hier dargestellte Grafik eines Lebenstableaus (wie sie auch schon bei den Betrachtungen über Samuel Becketts Spiegelungen als Grundlage diente) kann man als eine Erweiterung gegenüber den Spiegelungsbögen bezeichnen, die bisher das Grundgerüst für unsere Forschungsarbeit mit den Spiegelachsen im 21. und 28. Lebensjahr sowie im Alter von 31,5 Jahren waren.

Im Folgenden füge ich eine Zwischenbetrachtung ein, die nicht in unmittelbarem Zusammenhang mit der Spiegelung steht, aber dennoch ein ganz besonderes Licht auf die heilende Wirkung wirft, die jede Arbeit begleitet, die auf der Grundlage eines Lebenstableaus erfolgt.

Eine Nahtoderfahrung ohne Unfall

Der amerikanische Parapsychologe, Psychiater und Philosoph Raymond Moody hat in seiner Arbeit mit Nahtod-Patienten festgestellt, dass deren Erlebnissen ein gewisses Schema zugrunde liegt. Bei Nahtod-Patienten handelt es sich um Menschen, die für einige Minuten klinisch tot waren und durch Reanimation wieder ins Leben zurückgeführt wurden. Viele von ihnen beschreiben, dass sie über der Stelle, an der ihr „toter" Körper lag, schwebten und ihren Körper unter sich liegen sahen. Darüber hinaus wussten viele davon zu berichten, dass sie, nachdem sie sich nach und nach von dieser Stelle entfernten und „höheren" Regionen entgegengingen, ein Erlebnis hatten, das sie tief erschütterte. Bei diesem Phänomen handelt es sich um eine Lebensüberschau, die ihnen ermöglichte, alle Ereignisse ihres Lebens in einem Augenblick wahrzunehmen. Während dieses überwältigenden Eindrucks wurde ihnen deutlich, dass alle diese – ihre – Handlungen eine unterschiedliche Qualität hatten.

Bei einigen wurden überdies auch sträfliche Versäumnisse erlebbar. Nachdem diese Menschen wieder ins Leben zurückgeholt worden waren, trugen sie alle den festen Vorsatz in sich, ihr Leben radikal zu ändern, sich mehr auf jene Dinge zu konzentrieren, die ihnen auf Grund dieses Erlebnis nun wichtig erschienen.

Dieses Phänomen einer Lebensüberschau bei den Nahtod-Erlebnissen kann uns als Beispiel dafür dienen, was geschieht, wenn wir in der Lage sind, unserem Leben im Ganzen gegenüberzutreten. Offenbar stellt sich bei dieser Zusammenschau auch gleichzeitig eine moralische Bewertung ein. Moral meint in diesem Falle nicht ein von der Gesellschaft geprägtes Normverhalten, sondern bezieht sich darauf, ob ich mein Leben im Sinne meiner mir selbst gegebenen Aufgabenstellung gelebt habe, oder ob ich meine Ideale, das eigentliche Konzept meines Lebensganges, aus diesem oder jenem Grund nicht ausleben konnte.

Wenn ich am Ende einer Beratung zusammen mit dem Klienten ein grafisches Lebenstableau erstelle, in dem sich möglichst viele Lebensereignisse auf einen Blick darbieten, erleben wir ein vielleicht nicht ganz so überwältigendes, aber dennoch ein ähnlich beeindruckendes Phänomen einer vor uns ausgebreiteten, wie gleichzeitig sich in großen Zusammenhängen darstellenden Lebensrückschau. Eine Art „Nahtod-Erlebnis", allerdings ohne Unfall und ohne Todesgefahr. Wir gehen das Ganze gelassener, mit viel mehr Zeit an. Die Erinnerung an das ursächliche Konzept unseres Lebens kann so, ohne körperliche und seelische Verletzungen, seinen Weg ins Tagesbewusstsein finden. Anhand dieses Lebenstableaus ist es möglich, sein Leben buchstäblich unter den Arm zu nehmen und nach Hause zu tragen. Mit der erworbenen Kenntnis über die Gesetzmäßigkeiten, die jeder Biographie zu Grunde liegen, ist man dann in der Lage, in der Zukunft weitere Eintragungen vorzunehmen und sich autonom errungene Entwicklungsschritte deutlich machen.

Wegbereiter und Stolpersteine

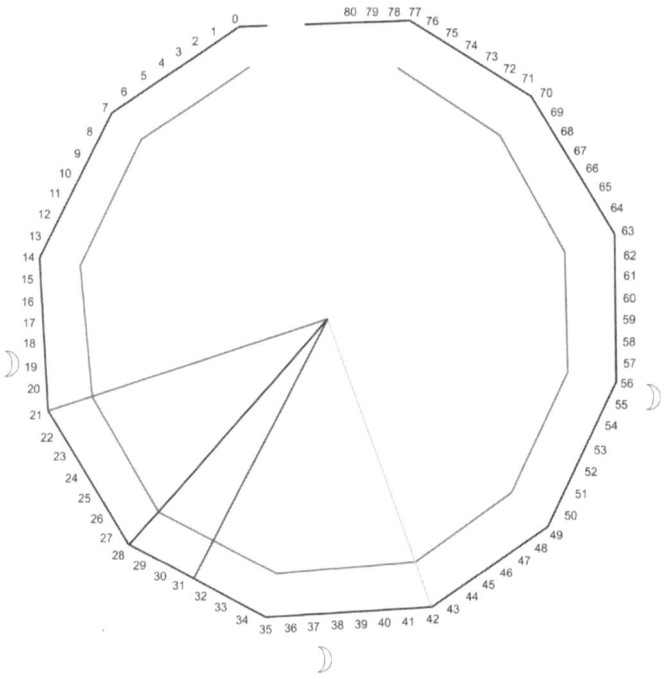

Werfen wir einen Blick auf die grafische Vorlage des noch unbearbeiteten Lebenstableaus zu Beginn dieses Kapitels.

Die innere Lebenslinie, die sich innerhalb des Lebenstableaus befindet, steht für die Beziehungen, die man in seinem Leben eingegangen ist. Hier kann man alle Bekanntschaften mit Menschen eintragen, die man in irgendeinem Sinn für so bedeutsam erachtet, dass sie uns wert erscheinen, sie aufzulisten. Es empfiehlt sich, dabei die „Unterstützer" von den „Widersacher oder Verhinderer" insofern zu trennen, als dass man die einen auf die Innenseite und die anderen auf die Außenseite der Linie schreibt, oder umgekehrt – das spielt keine Rolle. Wichtig dabei ist, dass man hier einen Überblick bekommt, wie viele Menschen einem im Leben geholfen haben und wie viele einem im Weg standen. Diese Bilanz kann insofern fragwürdig werden, als sie unmittelbar zum Ausdruck bringt, dass selbst die vermeintlichen Widersacher oft den Weg bereiten oder mittelfristig sogar die Ursache für maßgebliche Entwicklungen in meinem Leben waren.

So wird das Unschöne zum Antrieb für eine notwendige, oftmals sogar erlösende Entwicklung. Dies hat zwar auf den ersten Blick mit Spiegelungen wenig zu tun, ist aber ein wertvolles, oft sehr erhellendes „Nebenprodukt". Alle anderen Ereignisse finden ihren Platz, den jeweiligen Lebensjahren zugeordnet, im äußeren Bereich des Kreises. Wobei es aus gegebenem Platzmangel sinnvoll ist, diese Ereignisse mit kurzen Begriffen zu charakterisieren und keinesfalls ausführliche Kommentare zu geben, da ansonsten in kürzester Zeit kein klarer Überblick mehr möglich ist.

Das Entdecken und Erforschen von Spiegelungen macht nur einen Teil der Arbeit mit dem Tableau aus. Voraussetzung für eine möglichst erfolgreiche Spiegelungsarbeit ist der schriftliche Eintrag möglichst vieler Lebensereignisse auf dem Arbeitsbogen. Man könnte es als eine „Buchführung der Lebensereignisse" bezeichnen. Indem man den einzelnen Ereignissen Namen gibt, bietet sich durch die Aneinanderreihung dieser Lebensepisoden die Möglichkeit, sie in ihrem prozesshaften Zusammenhang zu bewerten.

Wer sich an Vergangenes erinnert oder wer vielleicht auch im Kreis von Freunden diese oder jene Episode zum Besten gibt, wird immer geneigt sein, eben diese eine Geschichte losgelöst von allem Vorherigen oder Folgenden in einer gewissen Weise zu bewerten, ihr seine Sympathie oder Antipathie entgegenzubringen. Diese Art der Betrachtung wird den Ereignissen unseres Lebens nicht gerecht. Sie ist nur die eine Seite der Medaille. Die andere Seite wird dabei außer Acht gelassen: die einer unserem Tagesbewusstsein nicht zugänglichen, übergeordneten und inneren Sehnsucht nach Erfüllung unserer Lebensmission. Ein Lebenstableau, das uns aufzeigen kann, wie sich ein Ereignis an das andere reiht, verleiht der Sehnsucht nach einem Ausleben unserer Lebensaufgabe ein Gesicht. Wobei Spiegelungen dabei auch eine Zukunftsperspektive eröffnen. Dann nämlich, wenn sich Spiegelungen mehrfach wiederholen und damit die Mittelachse an Bedeutung verliert. Es handelt sich in diesen Fällen weniger um klassische Spiegelungen, die sich an einer Mittelachse orientieren, sondern eher um eine Reihung. Ein Beispiel für das Auffinden einer solchen Reihung wäre dann hilfreich in der Betrachtung gegenüber einem biographischen Phänomen, wie es uns in partnerschaftlichen wie auch in beruflichen Beziehungsstrukturen in der Frage entgegentritt.

„Warum passiert mir immer wieder Ähnliches?"

Wenn wir feststellen, dass zum Beispiel jemand immer nur maximal drei Jahre bei einem Arbeitgeber bleibt und nun wieder aktuell ein Wechsel ansteht, würde daraus folgen, diesen Dreijahres-Rhythmus eventuell genauer zu betrachten und den Entwicklungsprozess, der immer wieder zu einer Auflösung des Arbeitsverhältnisses führt, zu analysieren. Hier begegnen sich Biographiearbeit und biographisches Coaching, was im Unterschied zur allgemeinen Biographiearbeit zum Inhalt hat, dem Klienten auf einem ganz bestimmten Lebensgebiet zur Seite zu stehen.

Spiegeln ist keine in sich abgesonderte Methode in der Biographiearbeit, sondern kann – wie alles Methodische in der Biographiearbeit – falls notwendig ins Gesamtkonzept der Arbeit modifiziert eingebunden werden.

Wir sehen hier ein Tableau, in dem vom Klienten bereits in Stichworten Ereignisse eingezeichnet wurden, die in den vorangegangenen Gesprächssitzungen zur Sprache kamen oder auch während dieser Aufzeichnungen neu zu Tage traten. Diese Art von Vorlage eignet sich wunderbar für das Erarbeiten und Auffinden von Spiegelungen. So ist es möglich, mehrere Spiegelungen auf einer Vorlage parallel über das ganze Leben hinweg zu untersuchen sowie auch Spiegelungen, deren Achsen sich nicht auf den bereits bekannten Spiegelungsachsen (21 Jahre, 28 Jahre, 31,5 Jahre) befinden.

Geburt 0
Kindergarten 2 1
Geburtstagsgeschenk 3
Falsch eingeschult / Schwester Gabriele 4 5 6
Schule 7
Umzug 8
Hund Chillie 9
Tod Großmutter 10
Gymnasium 11
Blaue Adria 12
Auszug Schwester 13
Konfirmation 14
Vater beeindruckt 15
England 16
Banklehre Anfang 17
Ende 18
Abitur 19
20
Reise USA 21
Trennung Hanna 22
Auszug Elternhaus / Eigene Wohnung / Kirchen 23
Austritt 24
Carola / Zusammen ziehen 25
26
27
28
Medizin-Studium 29
Taxi 30
Studium Ende Trennung 31
Uni-Klinik 32
Vater kratzig 33
Marlene 34
Vater stirbt 35
Begegnung mit Benny 36
Heirat Marlene
Geburt Dorian
Auto-Unfall
Gemeinschafts-Praxis Santhofen
Begegnung mit der Waldorfs

Fahrrad Unfall

Großmutter
Karl
Großonkel Jagdschul
Frau Vogel (Lehrerin) #1
Lehrer Holzel
Hanna
Carola
Dr. Münir
Adria-Benny Spiegelung (?) 11-34
Spiegelung (34) 23-34
Herr Gen

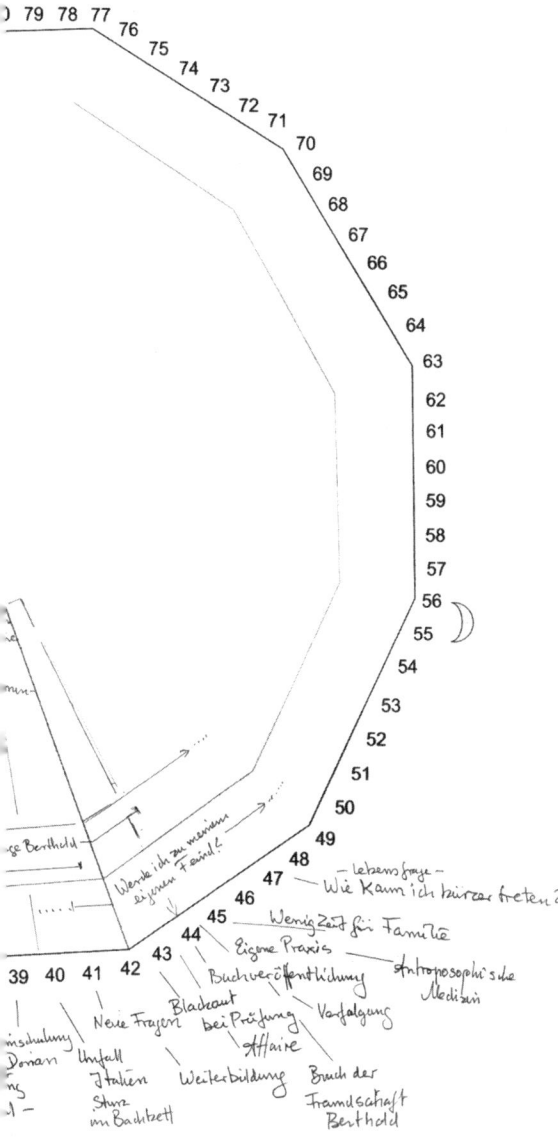

79 78 77 76 75 74 73 72 71 70 69 68 67 66 65 64 63 62 61 60 59 58 57 56 55 54 53 52 51 50 49 48 47 46 45 44 43 42 41 40 39

– Lebensfrage –
Wie kann ich kürzer treten?

Wenig Zeit für Familie

Eigene Praxis

Buchveröffentlichung

Anthroposophische
Medizin

Werde ich zu meinem
eigenen Feind?

se Berthold

Neue Frauen

Blackout
bei Prüfung

Verfolgung

Affaire

...mschulung
Donau

...ng

Unfall

Italien
Sturz
im Bachbett

Weiterbildung

Bruch der
Freundschaft
Berthold

105

Das „freie" Spiegeln mit drei Ereignissen

Diese grafische Darstellung eines wie oben gezeigten Lebenstableaus macht es für ungeübte Spiegelungsforschende möglich, sich rein schematisch auf die Suche nach Spiegelungen zu
begeben. Geht man von einem „spiegelungsverdächtigen Ereignis" aus, so ergeben sich mehrere Möglichkeiten:

1. Der schematische Ansatz: Anfänglich ist es immer ratsam,
    von den bereits gegebenen Mittelachsen – 21 Jahre, 28
    Jahre und 31,5 Jahre – auszugehen. Es ist dann nicht nötig,
    ein Mittelachsenereignis zu finden, da diese Vorgaben be-
    reits ein übergeordnetes Menschheitsentwicklungsereignis
    in sich selbst sind.

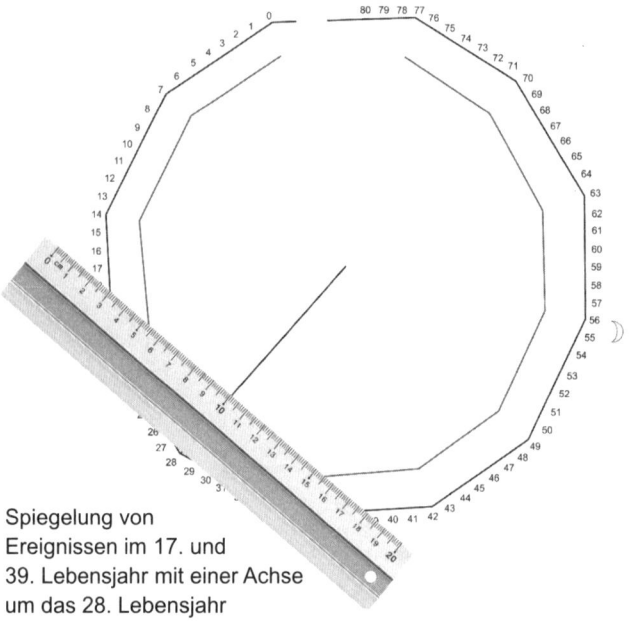

Spiegelung von
Ereignissen im 17. und
39. Lebensjahr mit einer Achse
um das 28. Lebensjahr

106

2. Ich kann jedes beliebige Ereignis zur Mittelachse machen, unabhängig von den vorgenannten drei durch biographische Gesetzmäßigkeit bestimmtem Spiegelungsachsen. Von dieser ausgewählten Mittelachse aus führt man ein Lineal nach und nach der Achse entlang zur Kreismitte des Tableaus hin. Durch diese – zur Mitte hin gleichmäßig auf beide Seiten verteilt gerichtete Bewegung – bewegen sich die beiden rechten und linken Linearenden durch die jeweiligen Lebensjahre hindurch. Es ergeben sich dadurch immer neue Beziehungskonstellationen, immer ausgehend von dem Ereignis, dass ich als Mittelachse ausgewählt habe. Alles Weitere hängt nun erstens davon ab, ob ich erkenne, dass eine dieser sich ergebenden Konstellationen in

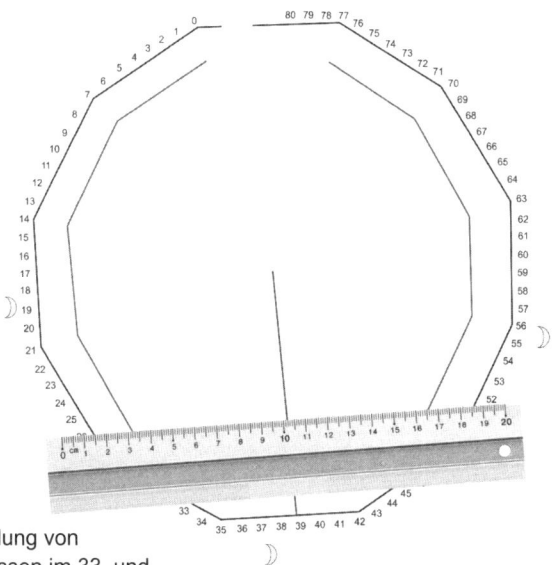

Spiegelung von
Ereignissen im 33. und
45. Lebensjahr mit einer „freien"
Achse um das 39. Lebensjahr

irgendeiner Weise mit dem Mittelachsenereignis sinnstiftend korrespondieren könnte; und zweitens davon, ob denn nun auch mein Klient diese sinnstiftende Komponente von sich aus – ohne zwingenden Hinweis meinerseits – erkennen kann.

3. Eine weitere Möglichkeit besteht darin, dass man ein Ereignis „verdächtigt", ein Spiegelungs-Anfang oder ein Spiegelungs-Ende zu sein. In diesem Fall ist es hilfreich, sofern man von einem Anfangsereignis ausgeht, die Mittelachse zu vernachlässigen und direkt das eventuell korrespondierende Spiegelungsereignis zu suchen. Überraschend ist dann oft, was sich in dem Ereignis der dadurch entstandenen Mittelachse offenbart.

Der schematische Weg (1) ist der erste Schritt, was das Auffinden von Spiegelungen angeht. Es ist so wie bei jedem Eureka!, dass eine Neuentdeckung auch immer eine gewisse ausdauernden Beharrlichkeit der Arbeit des Forschenden am Forschungsobjekt voraussetzt. Nach all den Jahren, in denen ich in der Biographiearbeit mit sich spiegelnden Ereignissen Erfahrungen sammeln konnte, habe ich einen für mich ganz persönlichen Weg gefunden, Spiegelungen in mir „aufleuchten" zu lassen. Manchmal ist es eine hingeworfene Bemerkung, ein unvollständiger Nebensatz oder das besonders Nachdrückliche in der Schilderung einer Situation, was meine Aufmerksamkeit erweckt. Manchmal ist es eine Geste, oder etwas spricht sich in mir aus, weil es möglich war, sich ohne Wenn und Aber zu öffnen, weil es eben dadurch zu einer wirksamen, seelisch intimen Begegnung kam. Arbeitet man lange genug mit einem Thema, für das eine gesunde Neugier vorhanden ist, dann bildet sich so etwas wie ein seelisch-geistiges Organ für die Wahrnehmung besonderer Phänomene aus.

Generell kann man mit aller Einschränkung und Ausnahmen gegenüber solchen „verbindlichen Regeln" sagen: So wie bei der klassischen Triptychon-Tafelmalerei oftmals das zentrale Bild für die Gegenwart, das linke für die Vergangenheit und das rechte für die Zukunft steht, steht bei der biographischen Spiegelung die Achse – das mittlere Bild – für das eigentliche Lebensthema. Das linke (das vorangegangene Ereignis) steht für den „Prolog" oder den „Ruf der Welt" an mich. Das von der Spiegelungsachse aus rechte Bild (das nachfolgende Ereignis) schließlich steht für die Ausgestaltung des Erreichten und weiterhin für die Zukunft Gültigen – also für die Transformation.

Wenn das Schicksal dreimal klingelt

Dass sich Spiegelungen um die vorgenannten drei Hauptspiegelungsachsen häufig finden lassen, beruht einerseits darauf, dass es schlicht *einfacher* ist, sie in diesen Schwellenbezirken aufzuspüren, und andererseits darauf, dass es hier nur zweier Ereignisse bedarf. Bei der „freien Spiegelung" braucht es, wie vorgenannt, drei Ereignisse. Frei nennen wir sie deshalb, weil wir unsere Ereignisse und Prozesse außerhalb einer sich „selbstaussprechenden" Mittelachse suchen. Denn die Achsen (21., 28., 31,5) sind, wie bereits mehrfach erwähnt, der allgemeinen Gesetzmäßigkeit jeder Biographie unterstellt. Die freie Spiegelung kümmert das wenig. Sie sucht sich, zumindest auf den ersten Blick, keine Achse, die sich einer Allgemeingültigkeit unterordnet, sondern besteht darauf, sich frei von dieser Voraussetzung darzustellen und ihre eigene individuelle Bedeutung aufzuzeigen.

Es sind also drei Ereignisse (Prozesse), die in einem gegenseitig auf sich Bezug nehmenden Rhythmus aufzufinden sind. Da heißt es vor allen Dingen, sich auf dem Tableau jenen Begebenheiten zu nähern, die sich mit individueller Ausgestaltung des Ereignisses schmücken.

In dem nächsten beispielhaften Fall geht es bei einem Klienten um eine gewisse „Heimatlosigkeit", die offenkundig ein Thema in seinem Lebenslauf darstellt.

Der Fensterputzer: Der Klient mit fünf Jahren

Er erinnert sich, dass er mit ungefähr fünf Jahren voller Bewunderung einem Herrn Pöhlert beim Fensterputzen in der Wohnung seiner Familie zusah. Es war immer ein besonderes Ereignis, wenn seine Mutter sagte: „Morgen kommt Herr Pöhlert zum Fensterputzen!" Wenn Herr Pöhlert sein Fahrrad, an dem eine kleine Leiter befestigt war, an die Hauswand lehnte, schloss er es gewissenhaft ab und kam dann, die kleine Haushaltsleiter unter dem Oberarm geklemmt, mit einem Eimer und einigen sich darin befindlichen Putzutensilien immer zuerst in das Zimmer, das seine Großmutter bewohnte. Er kann sich nicht erinnern, jemals ein Wort mit Herrn Pöhlert gewechselt zu haben. Ein stummer Gast, der mit Leidenschaft sein Handwerk verrichtete. – Mein Klient putzt heute noch gerne die Fenster, weil es für ihn eine der Hausarbeiten ist, bei der das Ergebnis nach getaner Arbeit auf den ersten Blick überzeugt.

„Bleib da!" Spiegelungsmittelachse zwölftes Jahr

Eines Tages rief ihn die Großmutter in ihr Zimmer und nach einigem Zögern sagte sie unvermittelt: „Ich werde ausziehen. Ich halte das hier nicht mehr länger aus." Mit einem Mal befand er sich in einer Familie, deren Mitglieder ihm erschreckend fremd wurden. Den äußeren Anlass für diese Entfremdung bildete der plötzliche Tod seines Großvaters einige Monate zuvor, doch der eigentliche Grund waren Zerwürfnisse zwischen Vater und Schwiegermutter, die mit einem Male unüberbrückbar schienen.

Er war zwölf Jahre alt. Er hatte bis zu diesem unerwarteten Erdbeben zu allen Familienmitgliedern – mit nur wenigen Ausnahmen – ein ungetrübtes Verhältnis, kam mit Eltern und Großeltern wunderbar aus, ohne jemals auch nur den Verdacht gehabt zu haben, dass diese familiäre Idylle auf Treibsand gebaut war. Nun stellte er voller Erschrecken fest, dass jeder dieser Menschen über die Familienzugehörigkeit hinaus eine eigene Persönlichkeit in sich trug. Sicher hatte er auch schon vor dieser Katastrophe bemerkt, dass seine Eltern – jeder für sich – ihre Eigenarten hatten, doch zu diesem Zeitpunkt offenbarten sich ihm Wesenszüge, die ihm bislang fremd gewesen waren. Wer diesen Sprengsatz gezündet hat, hat er nie erfahren. Urplötzlich entschied sich seine Großmutter, aus der Wohnung auszuziehen, und diese Entscheidung zerriss ihm das Herz. Verrat, Liebesentzug und Trennungen, Schicksalsschläge, die er bisher nur aus einschlägigen Filmen und Büchern kannte – das war also auch in seinem Leben möglich!

Die Liebe zu seiner Großmutter war eine Tatsache, die ihm zuvor in dieser Deutlichkeit nie zu Bewusstsein gekommen war. Umso schmerzlicher schien ihm der Verlust ihrer bislang täglichen Anwesenheit. Er verweigerte sich zunächst dieser Tatsache und schrie weinend: „Bleib da!", bis er sich mit dem Unabdingbaren abfinden musste. Vieles von dem bisher Bewährten und Gekannten war in diesem Augenblick urplötzlich zur Vergangenheit geworden.

Aufbruchstimmung: 19. Jahr

In den späten sechziger Jahren war es noch ein Tabubruch, dass sich Studenten beiderlei Geschlechts zusammen eine Wohnung mieteten. Der Kuppeleiparagraph und die ins Privatleben sich hineinschnüffelnde Sittenpolizei waren eben gerade abgeschafft. Andererseits gab es zu dieser Zeit auch genügend abschreckende Beispiele für das bürgerliche Denken, wo man von Kommunen im fernen München und Berlin hörte, in denen angeblich Sitten wie in Sodom und Gomorrha fröhliche Urstände feierten. Umso verwunderter waren die zwei Studentinnen und drei Studenten, zu denen auch unser Klient gehörte, als ihnen das Angebot gemacht wurde, ein komplettes Hinterhaus zu mieten. Allerdings umfasste die Vereinbarung, dass beim angedachten Abriss des Hauses dieses von den Studenten unverzüglich zu räumen sei. Daher auch die verlockend geringe Miete. Dieser Abriss würde allerdings noch eine Zeit auf sich warten lassen.

Dieses Angebot ging auf Herrn Pöhlert zurück. Als dieser zur Unterzeichnung des Mietvertrags auftauchte, kam ihm der Gedanke, ob es sich um diesen Fensterputzer aus seiner Kinderzeit handeln könnte. Er konnte sich nur vage an das Gesicht erinnern, aber als er dann auf dem Briefkopf des Mietvertrags las, dass dieser Herr Pöhlert Inhaber einer Gebäudereinigungsfirma sei, war er sich sicher, dass es sich um „seinen" Herrn Pöhlert handelte, der den jungen Leuten gegen alle Konventionen dieser Zeit ein Angebot machte, das sie nicht ablehnen konnten.

Meinem Klienten war es noch wichtig zu erwähnen, dass Herrn Pöhlert keine revolutionäre Einstellung zu dieser Handlung getrieben hatte, sondern – wie sich später herausstellte –

allein die Hoffnung, dass die Studenten soviel Umtrieb und Lärm gegenüber dem Vorderhaus machen würden, dass die übrigen Bewohner, die bislang trotz Kündigung ihre Wohnungen nur zögerlich aufgegeben hatten, sich so rascher vertreiben ließen. Pöhlert plante, auf eben diesem Gelände in naher Zukunft luxuriöse Wohnungen zu bauen. Die jungen Leute waren so, ohne die geringste Ahnung davon zu haben, zu „Handlangern des Kapitals" geworden, wie man dies in jenen Zeiten benannte.

Durch unsere Arbeit erkannte der Klient, dass rückblickend einer der Gründe, warum er sein Elternhaus so bald wie möglich mit 19 Jahren verlassen hatte, der Bruch seiner Eltern beziehungsweise seines Vaters mit seiner Großmutter war, der ihn in der neuen Wohnung ohne die geliebte Oma nie wirklich heimisch werden ließ.

Herr Pöhlert putzt im Elternhaus	7	1962 Auflösung der alten Familien- struktur, „heimatlos"	7	Mietvertrag mit Herrn Pöhlert
5. Jahr		12. Jahr		19. Jahr

Der Blick über den Nestrand

Er erlebt mit *fünf Jahren*, dass seine Familie in der Lage ist einen Menschen zu beschäftigen, der für sie arbeitet. Fremde waren in dieser Familie nur selten zu Gast. Er war für eine gewisse Zeit ein willkommener Helfer in dieser Wohnung. Ihm wurde vertraut und er erledigte, soweit der Klient das von heute aus beurteilen kann, seine Arbeit vorbildhaft. Ein „Erst-kontakt" mit einem Menschen, der ihm zu einem späteren Zeitpunkt eine neue und ungewöhnliche Lebensperspektive ermöglichte, nämlich ungebunden von den gesellschaftlichen Vorstellungen dieser Zeit eine neue, von den Normen des El-ternhauses befreite Lebensform auszutesten.

Das *zwölfte Lebensjahr* ist insofern ein Schwellenjahr, als wir nun in unserer Entwicklung zum ersten Mal in der Lage sind, aus uns heraus etwas in die Hand zu nehmen, was wir ohne äußeren Anlass tun können. Völlig frei und ohne erzie-herische Vorgabe zeigt sich in diesem Alter etwas, dass darauf hindeuten kann, in welche Richtung ich mein Leben gerne lenken würde.

Die Auflösung seiner alten Familienstruktur, der er keine Solidarität mehr entgegenbringen konnte, war ein radikaler Neubeginn für den Klienten. In gewisser Weise war er heimat-los geworden, suchte von nun an eine neue Heimat außerhalb seines Elternhauses und verlor immer mehr den Kontakt zu seinen Eltern, wobei er seinem Vater wohl auch die Schuld für dieses Zerwürfnis zuwies. Der feste, bis dahin noch einheitli-che Familienverbund bröckelte mit einem Mal und es zeigte sich für ihn, dass traditionelle Strukturen, die er bislang für ge-geben gehalten hatte, von einem zum anderen Tag zerbrechen konnten. Der Verlust von etwas Gegebenen ließ ihn nach al-ternativen Lebensformen Ausschau halten.

Auf der Suche nach einer neuen Heimat bot sich ihm mit *19 Jahren* die Möglichkeit zur ersten eigenen Wohnung. Die Begegnung mit Herrn Pöhlert, dem ehemaligen Fensterputzer, der es vom Tellerwäscher, in diesem Fall vom Fensterputzer, zum Millionär geschafft hatte, zeigte ihm, wie man es ganz al-lein auf sich gestellt zu etwas bringen kann. Er war dann allerdings doch eher ein scheinheiliger Mentor, der die jungen Leute zwar in ihrem Wunsch nach einem eigenen „Spielplatz" unterstützte, aber im eigentlichen Sinn sie nur dazu benutzte, die alteingesessenen Mieter zu vergraulen. Das wurde meinem Klienten allerdings erst viel später klar.

Ich möchte hier erwähnen, dass es sich beim Vorgenannten keinesfalls um Spekulationen oder Interpretationen meinerseits handelt, sondern um das Resultat der mit dem Klienten im Nachhinein geführten, ausführlichen Gespräche. Meine Aussagen über die Erkenntnisse, die der Klient gewann, beruhen ausschließlich auf den von mir gemachten Gesprächnotizen. Dies gilt übrigens für alle meine Aussagen dieses Buches, die Spiegelungen von Klienten betreffen.

Um derartige Spiegelungen zu finden, bedarf es gewissermaßen eines Instinkts für Ereignisse, die im allerfreiesten Sinne dem nahestehen, was wir das unbewusste Sich-Aussprechen der Sehnsüchte des Lebens nennen dürfen, die so zu unbewussten Treibfedern unseres Handelns werden können.

Wenn man sich das Leben von der Geburt bis zum aktuellen Zeitpunkt prozesshaft vor Augen geführt hat, kann man anhand gewisser Leidenschaften und an den Versuchen, diese Leidenschaften auch auszuleben, einen gewissen roten Faden erkennen, der sich durch das Leben zieht. So erwächst ein Feingefühl für die Dinge, die wesentlich aus dem Äußeren mit dem seelisch Inneren unseres Lebens korrespondieren.

Die Mission: Held für einen Tag – Held für ein Leben

Auch in meiner eigenen Biographie finden sich einige deutliche Beispiele für Spiegelungen. Sie haben sich ihre individuelle Achse gesucht, die außerhalb der vorgenannten gesetzmäßigen Schwellenschritte liegen. Dafür sei das folgende Beispiel erzählt:

Mit 47 Jahren, wir schreiben das Jahr 1997, befinde ich mich mitten in der Ausbildung zum Biographieberater. Ich lerne langsam begreifen, dass ich endlich das gefunden habe, wonach ich bereits lange Zeit gesucht habe. Ein völlig neuer Lebensabschnitt beginnt und ich weiß, dass ich an dieser Aufgabe wachsen werde. Acht Jahre später habe ich – ich bin bereits seit Jahren als Biographieberater tätig – eine Begegnung mit Manfred van Doorn bei einem Vortrag im Schreinersaal des Goetheanums in Dornach/Schweiz. Er ist als Gastredner bei der weltweiten Biographie-Konferenz 2008 geladen. Van Doorn macht mich und die weiteren Anwesenden bei seinem Vortag mit den Arbeiten des amerikanischen Mythenforschers Joseph Campbell bekannt. Er zeigt auf, dass der Archetypus der Heldenreise, so wie ihn Campbell als Entwicklungsweg für den Menschen begreift, in direktem Zusammenhang mit der individuellen seelisch-geistigen Entwicklung jedes Menschen in Zusammenhang steht. Eine der nachhaltigsten Begegnungen in meinem Leben, da ich dies zum Anlass nehme, mich intensiv mit der Campbellschen Heldenreise zu beschäftigen, was dann im Jahr 2011 zur Veröffentlichung meines Buches *Helden für ein Leben* führte. Darin versuche ich aufzuzeigen, dass es neben dem „klassischen" Siebenjahresprinzip in der Biographiearbeit auch einen Sechsjahresrhythmus gibt, dessen Grundlage der Archetypus der Heldenreise ist.

Im Jahr 2013 – mein Buch ist nun seit fast drei Jahren veröffentlicht – werde ich gefragt, ob ich bei der weltweiten Konferenz für Biographiearbeit in England einen Workshop anbiete, der sich mit dem Thema der Heldenreise beschäftigt. Ich bin nach Auftritten bei Buchmessen und diversen Vorträgen und Workshops zu diesem Thema inzwischen diesen Inhalten gegenüber etwas müde geworden und erlaube mir, in diesem Fall abzusagen und bei dieser Konferenz lediglich Teilnehmer und Flaneur zu bleiben.

Zu meinem Erstaunen erfahre ich bereits auf meinem Weg von London Heathrow nach Forst Row, wo die Konferenz stattfinden soll, von meinem niederländischen Kollegen Maarten Moens, den ich *zufällig* bereits unterwegs am Zielbahnhof treffe, dass er bei dieser Konferenz, angeregt durch van Doorns Veröffentlichungen und meinem Buch, die Heldenreise in Bezug zur Biographiearbeit vorzustellen beabsichtigt. Ich fühle mich geehrt und betroffen zu gleich. Während der Konferenz, noch bevor Martin seinen Vortrag in einer Runde interessierter Teilnehmer beginnt, frage ich ihn, ob ich – ganz im Hintergrund versteht sich – bei seinem Vortrag anwesend sein darf. Mir ist völlig bewusst, dass mein Anliegen eventuell eine Belastung für ihn sein könnte. Aber Martin stimmt zu und ich verspreche ihm, während der Veranstaltung meine Anonymität als Autor soweit wie möglich zu wahren. So komme ich in den Genuss, nur drei Jahre nach der Veröffentlichung meines Buches einen begeisterten Leser der

Arbeiten van Doorns und von mir dabei beobachten zu dürfen, wie er voller Enthusiasmus die Zuhörer mit diesem Thema gewinnen kann.

Obwohl ich also bereits keine Lust mehr verspürte, mit diesem Thema weiter „hausieren zu gehen", wurde mir nicht nur gezeigt, dass ich nicht der Einzige bin, der die Heldenreise darstellen kann. Darüber hinaus bekam ich das Geschenk, dass diese Inhalte auch andere Menschen so begeistern, dass sie sich aufgerufen fühlen, sie weiterzugeben.

Mein „Baby" hatte laufen gelernt und es hatte bereits eine „geistige Übergabe" stattgefunden, ohne dass ich das Geringste davon geahnt hatte.

1997		2005		2013
Beginn		Manfred v.		Maarten Moens
Studium		Doorn		hält in meiner
Biographie-	8	Mentor/	8	Anwesenheit
berater		Dornach		einen Vortrag
				über die
				Heldenreise

Spiegelungen als Antwort auf eine uns bislang unbekannte Frage

Eine Spiegelung verkörpert eine bislang unsichtbare Wirklichkeit – keine Realität, wenn ich diesen Begriff als Ausdruck der „Welt der Dinge" (real-dinglich) verstehe und im Unterschied dazu unter Wirklichkeit die „Auswirkungen" eines Prozesses verstehen will. Eben diese Auswirkungen – die Wirklichkeiten – brechen sich im Leben durch unseren Willen Bahn. Somit sind Spiegelungen meine ins äußere Leben projizierten Willenskundgebungen, die ich dann wiederum in Form von „Begegnungs-Chancen" mir gegenübergestellt sehe.

Spiegelungen können einen wertvollen Hinweis darauf geben, ob Entwicklungsprozesse in meiner Biographie im Sinne einer im Hintergrund wirkenden gesetzmäßigen Lebensentwicklung zum einen und durch meine individuelle Tat bewirkten Entwicklungen zum anderen erfolgreich verlaufen sind. Des Weiteren können sie aufschlussreiche Hinweise darüber geben, ob ich in dieser oder jener Hinsicht einen Entwicklungsschritt abgeschlossen habe, ob ich darin „steckengeblieben" bin, oder ob ich es dringend nötig habe, diesen Schritt noch zu vollziehen. Geheimnisvoll und verblüffend sind die Ergebnisse, die bei diesen Selbstreflexionen zu Tage treten, geben sie uns doch einen Geschmack von der ungeheuren Weisheit und lenkenden Hilfe, die sich hinter dem Lebenslauf eines jeden von uns verbirgt.

Spiegelungen tragen dazu bei, ein vages Bewusstsein davon zu bekommen, dass es sich bei unserem Selbst um einen Regisseur handelt, der es geschickt versteht, die Fäden unseres Lebenswegs so zu spinnen, dass wir – öfter als wir glauben – die Gelegenheit dazu erhalten, uns dem gegenübergestellt zu sehen, was wir als Lebensaufgabe in uns tragen. Spiegelungen sind wie eine überraschende Antwort auf eine uns bislang unbekannte Frage.

Erinnern wir uns an die Anfangsgeschichte, meine Begegnung mit dem Arbeitsplatz meines Vaters als Kind, die spätere Begegnung mit seinem Vorgesetzten und den Umstand, dass ich in der Lage war, *den* Ort zu meinem Arbeitsplatz zu machen, der für meinen Vater das „Allerheiligste" war. Für mich ein deutlicher Hinweis, dass diese Spiegelung mir unmissverständlich bestätigt, dass ich den Auftrag meines Vaters: „Pass auf, dass du dir die Hände nicht schmutzig machst" zumindest im materiellen Sinne nicht ganz ignoriert hatte. Wie weit es mir möglich war, während meines Lebens auch im moralischen Sinne immer und unter allen Umständen „sauber" zu bleiben, möchte ich hier nicht weiter erörtern.

Interpretationen von Spiegelungen sind voll und ganz demjenigen zu überlassen, der diesen Spiegelungen aus *seinem* Leben heraus Deutung widerfahren lassen will. Berater dürfen bei diesem Prozess auf eine solche Erscheinung aufmerksam machen. Eine Annahme und eine eventuelle Zuordnung zur eigenen Entwicklung müssen dann allerdings der Freiheit der Klienten überlassen bleiben.

Synchronizität und Spiegelung

Bereits zu Beginn dieses Buches habe ich versucht deutlich zu machen, dass ich es nicht als meine Aufgabe ansehe, naturwissenschaftliche Erklärungen über die Entstehung und Herkunft von Spiegelungen abzugeben, sondern dieses Phänomen als etwas Heilsames im Sinne seiner Auswirkung auf biographische Betrachtungen zu verstehen. Indem ich aber nach verwandten Phänomenen Ausschau hielt, bin ich auf den Begriff der Synchronizität gestoßen. In der Psychotherapie nach C. G. Jung ist Synchronizität ein fester Begriff und trägt, sollte man damit therapeutisch arbeiten, laut Jung einen heilenden Aspekt in sich. Beide Erscheinungen, die Spiegelung wie auch die Synchronizität, pflegen eine Verwandtschaft insofern, als es immer eines äußeren Ereignisses bedarf, um sich unserer Sinneswelt gegenüber Ausdruck verleihen zu können.

Indem wir uns mit den Eigentümlichkeiten von Synchronizitäten beschäftigen und diese den Merkmalen von Spiegelungen gegenüberstellen, können wir darauf hoffen, vielleicht sowohl einer klaren Unterscheidung wie auch möglichen Gemeinsamkeiten beider Phänomene auf die Spur zu kommen.

„A gentleman will walk but never run"

Eine alltägliche Szene: Auf der Straße kommt mir ein Mensch entgegen, den ich im ersten Moment fälschlicherweise für einen alten Bekannten halte, den ich lange nicht mehr gesehen habe. Vielleicht denke ich auch noch einige Sekunden über ihn nach. Noch ehe diese Gedanken verblasst sind, kommt mir, nur eine Straßenecke weiter, genau dieser Bekannte tatsächlich entgegen.

Wir gehen von diesem ersten Beispiel weiter zu einer etwas komplexeren Erscheinungsform: Der weltbekannte Musiker Sting singt in einem seiner bekannten Lieder *An Englishman in New York* den Satz: „A gentleman will walk but never run" (ein Gentleman geht, aber rennt niemals). Ein Satz, der sich mir, als ich dieses Lied im Radio wieder einmal hörte, eingeprägt hat und den ich in mir bewegt habe, weil er mir als eine sinnvolle Metapher für meine eigenen Bemühungen erschien, in Zukunft die Dinge etwas ruhiger anzugehen. Nur kurze Zeit später, in der Straßenbahn, hörte ich unfreiwillig einem Gespräch zu, in dem sich ein junger Mann gegenüber zwei jungen Mädchen darüber äußerte, dass er jeden Respekt vor seinem Chef verliert, wenn er ihn die Gänge des Instituts atemlos entlangrennen sieht. Das würde sich für einen Professor doch nicht gehören …

Solch ein Zusammentreffen ist verblüffend, aber auch witzig und bestätigt sicher auch, dass man in einigen Betrachtungen über Synchronizität lesen kann, bei diesen Erscheinungen habe der Götterbote Hermes – unter anderem Schutzpatron der Spieler und Gaukler – seine Finger im Spiel.

„Follow your wishes!"

Ein drittes Beispiel: Nach Monaten als Aushilfe hat sich die Verkäuferin ein Herz gefasst und beim Chef wegen einer Festanstellung vorgesprochen. Der stellt sie jedoch abrupt vor die Wahl, entweder weiterhin als Handlangerin bezahlt zu werden oder zu gehen. Da packt sie endlich die Gelegenheit beim

Schopf, diesen ungeliebten Job als Verkäuferin loszuwerden. Sie kündigt, ohne auch nur einen Moment zu zögern, und läuft in die Fußgängerzone, um ihren Entschluss zu feiern und sich etwas Schönes zu leisten. Auf einem Angebotstisch des Warenhauses stapeln sich, von Schäppchenjägern bereits zerwühlt, verschiedenfarbige Schals. Unter dem Durcheinander der Stoffe schaut ein kräftig blau gefärbtes Tuch hervor, das sie, nachdem sie den Stoff mit den Fingerspitzen geprüft hat und er angenehm und wärmend erscheint, nun vollständig ans Tageslicht hervorholt. Umrahmt vom blauen Muster stehen im Zentrum des Tuches in Schreibschrift die Worte: „Follow your wishes".

Jede und jeder von uns wird solche oder ähnliche Ereignisse kennen. In solchen Momenten begründeter Verwunderung sind wir geneigt, uns in das fadenscheinige Erklärungsmodell des Zufalls zu flüchten. Diese Flucht aus einem Erklärungsnotstand kann allerdings die Ratlosigkeit gegenüber solchen Ereignissen nur leidlich übertünchen. Was bleibt, ist ein Unmut gegenüber diesen merkwürdig befremdlich anmutenden „Zufälligkeiten", die sich so gar nicht an das von Rationalität geprägte Vorstellungsleben unserer Gegenwart einpassen wollen. Durch die manchmal aufdringliche Häufung solcher Ereignisse verunsichert bemerkt der unbefangene, forschende Geist bei näherer Betrachtung ein Zusammenwirken verschiedener Phänomene. Manche dieser Begebenheiten scheinen das vorangegangene Ereignis verstärkend zu bejahen oder verblüffende Erweiterungen des Geschehenen aufzuzeigen, wieder andere scheinen – zumindest auf den ersten Blick – humorigen Unsinn ohne jede Sinnhaftigkeit zu verbreiten.

Botschaft aus dem Autoradio

Es ist schon recht schwierig, in meinem nächsten Beispiel über das Bemerken des Phänomens hinaus einen weiteren Sinn in diesem Ereignis zu finden. Da es aber für mich zumindest ein extremes Eingreifen der Außenwelt beschreibt, möchte ich es meinen Leserinnen und Lesern nicht vorenthalten.

Am 12. Oktober 2012 – ich war bei Freunden auf Lanzarote zu Besuch – machte ich mit einem Mietwagen eine Inselrundfahrt. Der Weg führte mich von Playa Blanca über Yaiza an den wunderbaren, rötlichen Vulkanbergen vorbei nach San Bartolomé. Über mir der blaue, von keiner Wolke belästigte Himmel, die Temperaturen angenehm, fuhr ich in mäßigem Tempo entspannt dem Horizont entgegen. Aus dem Autoradio ertönte Mariachi-Musik, die wie bestellt die Szenerie perfekt untermalte. In Lanzarote gehört es dazu, hinter jeder Bergkuppe darauf gefasst sein zu müssen, urplötzlich einen andern Radiosender zu empfangen, meist unterbrochen von kurzzeitigem Rauschen, bis das Gerät sich wieder auf den neuen Sender eingestellt hat. Daran hatte ich mich schnell gewöhnt und doch war es ärgerlich und störte mein Idyll, dass die mexikanische Musik, die ich so passend fand, von eben diesem Rauschen abgelöst wurde. Anstelle der Musik störte unvermittelt ein deutschsprachiger Sender mit Namen *Atlantis* durch Werbung mein „Cruising down the highway".

Mir wurde verkündet, dass am morgigen Sonntag um zehn Uhr im Weinmuseum El Grifo, initiiert von der Fraktion auf der Insel lebender Deutscher, eine Verköstigung erlesener Weine stattfinde sollte. Ich hatte die Botschaft kaum vernommen, als mein Blick auf ein verhältnismäßig großes Hinweisschild auf der gegenüberliegenden Straßenseite fiel. Darauf stand zu lesen: El Grifo – Museo del Vino.

Im Übrigen schaltete unmittelbar nach dieser Nachricht und eine Kurve weiter das Radiogerät wieder zurück auf den spanischen Sender, der mich zuvor mit Mariachi-Musik unterhalten hatte. Alles war wieder wie zuvor. Es wirkte wie ein Werbespuk, der sich mir unbedingt mitteilen wollte. Ich drehte um, fuhr zurück und begutachtete daraufhin das Wein-

Museo del Vino

museum, das sich als eine Weinverkaufsstelle herausstellte und weniger ein museales als ein kommerzielles Anliegen hatte.

Weil ich mit meinen Freunden für den nächsten Tag bereits etwas anderes als eine Weinverköstigung ausgemacht hatte, konnte ich eben diese leider nicht besuchen. Dies hätte mir vielleicht etwas deutlicher machen können, was dieser ganze Synchronizitätszauber bedeuten sollte. So ließ mich dieses Ereignis mit einem Schmunzeln zurück.

Die Varianten, in denen Synchronizitäten auftreten, zeigen sich als nahezu unerschöpflich. Darum nimmt es nicht wunder, dass bei manchen Zusammentreffen von Ereignissen dieser Art bei genauerer Betrachtung und durch Kenntnis über Spiegelungsphänomene durchaus auch Elemente einer Spiegelung anzutreffen sind. Dies soll das folgende Beispiel zeigen.

„Draußen nur Kännchen"

Es ereignete sich im Jahre 2012 beim Tanz- und Folkfestival in Rudolstadt/Thüringen. Seit mehr als einem Jahrzehnt finden sich meine Frau und ich immer am ersten Juliwochenende in Rudolstadt ein. Das jährlich stattfindende, internationale Folk- und Tanzfestival ist für uns beide eine Pilgerfahrt geworden, ein Ritual, das wir für uns ganz allein pflegen. Im Jahr 2012 saßen wir zu Beginn – wie so oft – im Zentrum der Stadt, nahe dem Markplatz in einem Straßencafe. Nachdem wir bereits einige Zeit vergebens auf eine Bedienung gewartet hatten, ging meine Frau in die Konditorei, um sich einen Kuchen auszusuchen und dabei auch auf uns als erwartungsfrohe Gäste aufmerksam zu machen. Als sie wieder zurückkam, sagte sie laut zu mir, indem sie sich neben mich setzte: „Draußen nur Kännchen!" Da greift ein Mann in mittleren Jahren am Nebentisch in einen Rucksack neben ihm und zieht ein schmales Buch hervor. Mit ausgestrecktem Finger zeigt er demonstrativ auf den Umschlag mit dem Titel: „Draußen nur Kännchen!"

Wir finden das alle drei sehr witzig und freuen uns gemeinsam über den gelungen Scherz. Als wir mit dem fremden Gast ins Gespräch kommen, berichtet dieser, dass es sich bei dem Autor um einen äthiopischen Prinzen handelt, der bereits mit anderen Büchern die deutsche Kultur und im Besonderen die deutsche Etikette aus dem Blickwinkel eines Fremden mit feiner Ironie betrachtet und entsprechend kommentiert hat. Beim Stichwort „äthiopischer Prinz" klingelt bei mir – zwar in weiter Ferne, aber durchaus wahrnehmbar – die Erinnerungsglocke. Ich bitte darum, mir das Buch doch einmal näher ansehen zu dürfen, was mir mit Freude gewährt wird, und erfahre, noch bevor ich einen Satz im Buch gelesen habe im

Klappentext, dass es sich bei dem Autor um Asfa-Wossen Asserate, einen Prinzen aus dem äthiopischen Kaiserhaus handelt, der 1948 in Addis Abeba geboren wurde. An der Deutschen Schule hatte er als einer der ersten Äthiopier das Abitur bestand, Geschichte und Jura in Tübingen und Cambridge studiert und in Frankfurt am Main promoviert. Die Revolution in Äthiopien verhinderte dann die Rückkehr in seine Heimat.

Ceterum censeo ...

50 Jahre zuvor: ein Schulzimmer voll gepackt mit knapp 40 Jungs im Alter von zwölf bis dreizehn Jahren. Die Ferien sind vorüber und das neue Schuljahr beginnt in diesen Zeiten noch nach den Osterferien. Alle Schüler bewegt die Frage, welcher Lehrer gibt welches Fach? Man muss dabei bedenken, dass wir bereits einschlägige Erfahrungen mit so manchen pädagogischen Gewalttätern sowie auch versteckten Psychopathen gemacht hatten, die in dieser Nachkriegszeit noch so gut wie ungehindert ihre Kriegstraumata ausleben durften. Es herrschte also größte Anspannung, wer denn nun in dieser nächsten Stunde – es stand Geschichte auf dem neuen Stundenplan – vor die Klasse treten würde. Urplötzlich wurde die Tür von einem Mann mit schütterem, die Halbglatze notdürftig schützendem Haar in hellbraunem Anzug aufgerissen, der sich bereits auf dem halben Weg zum Lehrertisch der ehrfürchtig erhobenen Klasse entgegenstellte und den Blick fest in ein Nirgendwo hinter uns gerichtet verkündete: „Ceterum censeo Carthaginem esse delendam"- Zu Deutsch: „Im Übrigen bin ich der Meinung, dass Karthago zerstört werden muss!" – wie wir später erfuhren.

Der frische Wind, der durch unsere Schulstube fegte, als er zum ersten Mal die Tür öffnete, blieb von nun an für uns in jeder kommenden Geschichtsstunde spürbar. Dieser kleine Mann, den ich mit meinen zwölf Lenzen bereits um fast eine Kopfeslänge überragte, eroberte sich wie ein Napoleon das Klassenzimmer und verstand es, nahezu allen Schülern gegenüber seine eigene Begeisterung für das Schicksal der Eroberer und Eroberten sowie auch der Geistesgrößen vergangener Zeiten in einem mehr als spannenden Geschichtsunterricht lebendig werden zu lassen. Weit entfernt von allem lästigen Auswendiglernen unpersönlicher Jahreszahlen nahm er uns mit in die Kultur- und Gedankenwelt der Menschen vergangener Zeiten. Die meisten von uns wären für ihn durchs Feuer gegangen. Jahre später habe ich in dem Film *Der Club der toten Dichter* in dem von Robin Williams gespielten Lehrer, der allen Konventionen trotzend seinen Unterrichtsstil durchsetzt, eben diesen Lehrer wiedererkannt.

Herr Köppen, dieser wunderbare Mann, verließ die Schule, weil er vom Internat am Schloss Salem am Bodensee gerufen wurde. Offenbar hatten auch andere seine Qualitäten erkannt. Bei seinem Weggang sprach er davon, dass sich in der Klasse, die er übernehmen würde, der Neffe von Haile Selassie I., dem Kaiser von Abessinien (seit 1974 Äthiopien) befinden würde sowie manch anderer kleine künftige Würdenträger. Mein Gott, waren wir alle beeindruckt! Es war klar, dass wir als unwürdiges Fußvolk, obwohl unsere Herzen bluteten, ihn unter diesen Umständen für „höhere Ziele" ziehen lassen mussten.

Mein Mentor gibt mir ein Zeichen?

Köppen erscheint nun urplötzlich im Zusammenhang mit der Chiffre „Draußen nur Kännchen!" Ich dachte dabei daran, dass alle Gelehrsamkeit ohne die Erfahrung von Wirklichkeit keinen Pfifferling wert ist. Das ganze Geschehen, das sich letztendlich um den Neffen von Haile Selassie dreht, windet sich um die mittlere Spiegelungsachse von 37 Lebensjahren, zu deren Zeitpunkt ich wohl das größte Abenteuer meines Lebens wagte: eine Treckingreise nach Nepal.

Ich verzichte, auf all die widrigen wie auch faszinierenden Erlebnisse einzugehen, die mir diese Reise bereitete, aber soviel sei gesagt: es war keine Pauschalreise, sondern wohl eher eine Expedition, die unsere gegenüber solchen Höhen ungeübte Treckinggruppe in eine zumindest für mich unverantwortliche Höhe von rund 6000 Metern führte. Auch mit dem Hurrikan über dem Golf von Bengalen hatte niemand gerechnet, der zu einem plötzlichen Schneefall in 5000 Metern Höhe führte und selbst die Sherpas nicht mehr wissen ließ, wo sich die Himmelsrichtungen versteckt hielten. Sicher war meine Sicht auf die Welt und auf mich selbst bis zu einem gewissen Grad eine andere geworden, als ich wieder zu Hause ankam. Ein Schritt hin zu einer mir bislang nicht verfügbaren Verantwortlichkeit, was die Begegnung mit mir selbst und den Menschen anging, die mit mir diese Reise unternommen hatten.

Schon zu Beginn wurde in diesem Buch erwähnt, dass es eine Gesetzmäßigkeit, so etwas wie eine Schwelle in der Biographie eines jeden Menschen gibt, die man den Mondknoten nennt. Dieser fällt überdies mit 37 Jahren und 3 Monaten exakt mit meiner beschriebenen Reise zusammen und ist als eine massive Verstärkung äußerer Ereignisse zu betrachten.

Diese Überschneidung wäre allein schon eine akzeptable Mittelachse für eine Spiegelung.

Die zentrale Charakteristik des zweiten Mondknoten drückt sich in einem erweiterten Verhältnis von Individualität und Welt aus. So steht der erste Mondknoten (18 Jahre und sieben Monate) in einem direkten Verhältnis zu meinem Ich, zu meiner ureigenen Persönlichkeit und deren Lebensmission. Dies kann sich darin ausdrücken, dass man viele Berufe für sich ausschließen kann, ohne unbedingt den Beruf vor Augen zu haben, den man einmal ergreifen will. Der zweite Mondknoten (37 Jahre und drei Monate) steht gegenüber dem ersten, der sich auf die Ich-Entwicklung bezieht, unter anderem in Bezug zum Du und setzt Kräfte frei, die sich im sozialen Miteinander ausdrücken können. Bin ich auch vor diesem Zeitpunkt durchaus schon in der Lage, für mich selbst Verantwortung zu tragen, so kann ich jetzt auch in vollem Umfang mit allen absehbaren Konsequenzen die Verantwortung anderen gegenüber auf mich nehmen.

Was war aber nun die Beziehung zwischen meiner Begegnung mit Lehrer Köppen im zwölften Lebensjahr und den Erinnerungen, die fünfzig Jahre später in einem Café in der Fußgängerzone von Rudolstadt aufkamen?

Es blieb damals in der sechsten Klasse nicht nur bei Köppens erstem beeindrucken „römischen" Einstand im Klassenzimmer, denn er zeigte sich auch weiterhin als ein spannender Erzähler, der seine jungen Zuhörer genau da zu packen wusste, wo auch ihre Interessen lagen. Das gelang ihm nicht nur mit aktionsreichen Schilderungen geschichtlicher Ereignisse, sondern er verstand es auch, den historischen Menschen in seiner Andersartigkeit zu veranschaulichen. Da es eben einen Unterschied macht, zu welchem Zeitpunkt der Mensch geboren ist, ging er damit weit über ein Jahreszahlenlernen, wie wir es als Klasse bisher gewohnt waren, hinaus. Überdies spannte er manchmal den Bogen bis hin zu privaten Erlebnissen, die er geschickt mit den Inhalten seines Lehrstoffes zu verbinden wusste.

Der Beruf des Biographieberaters findet nicht nur in einer Einzelberatung zwischen Klient und Berater statt, sondern es gilt auch oft vor einer Vielzahl von Menschen zu sprechen, sei es bei Fortbildungen oder auch bei Tagungen und Kongressen. Ich habe mir durch diese Begegnung im Cafe deutlich vor Augen führen können, wie stark mich die Art der Präsentation meines Lehrers in der Darstellung von neuen, für den Zuhörer noch fremden Inhalten geprägt hat. Sein Auftritt, seine körperliche wie auch geistige Präsenz ist bis zum heutigen Tag Vorbild für eine Vortragsweise, wie ich sie auch für mich stimmig empfinde und wie ich sie, zumindest immer noch teilweise, nachzuahmen versuche. Dass es auch an der nötigen Prise Humor und Leichtigkeit nicht fehlen darf, dass es immer wieder verbaler Kehrtwendungen bedarf, damit mir mein Publikum nicht einschläft, ist für mich selbstverständlich, dank ihm, einem meiner bedeutendsten Mentoren.

Das Erkennen dieser Botschaft ist für mich eindeutig hervorgerufen durch die Begegnung von Synchronizität und Spiegelung. Denn es sind unzweifelhaft beide Phänomene, die dieses „Kännchen-Erlebnis" prägten:

Der neue Geschichtslehrer 12. Jahr		Nepal / 2. Mondknoten 37. Jahr		Draußen nur Kännchen 62. Jahr
	25		25	

Bislang galt: Eine Spiegelung ist aufgrund der kontinuierlichen Erzählung und Sammlung von Ereignissen während einer Biographiearbeit aufzufinden.

Dabei kann es sich um eine lang andauernde Eins-zu-eins-Arbeit zwischen Berater und Klient handeln, oder um die Einzelarbeit eines an seiner Biographie interessierten Menschen, der sich anhand von eigenen Aufzeichnungen auf einem Lebenstableau (wie in diesem Buch gezeigt) einen kontinuierlichen Lebensüberblick verschafft. Hat man dann eine gewisse Anzahl von Ereignissen auf einem Lebenstableau aneinandergereiht vor sich, dann gilt es eine gewisse Sensibilität für den Zusammenhang von Ereignissen zu entwickeln, innere oder äußere Verbindungen wahrzunehmen. So und nur so allein – so war unsere Hypothese – lassen sich Spiegelungen entdecken.

Aus den bisher gemachten Erfahrungen geht hervor, dass sich eine Synchronizität immer ohne Vorankündigung und ohne systemische Vorarbeit zeigt.

Eine Synchronizität ist eine eruptive Sensation ohne seismographische Vorwarnung. Dass sich allerdings – wie Huckepack – eine Spiegelung mit an die Oberfläche des Bewusstseins emporarbeiten kann, vielleicht auch soll, fand ich bei diesem vorangegangenen Erlebnis bemerkenswert. Indem ein Gast vom Nebentisch mir ein Buch mit dem Titel *Draußen nur Kännchen* präsentierte, was eindeutig den Charakter einer Synchronizität hatte, war er auch zum geistigen „Türöffner" für eine Spiegelung geworden, die ebenso wie die Synchronizität unvermittelt und ohne lange biographische Forschungsarbeit in mein Bewusstsein trat.

C. G. Jung bekommt unerwartet Hilfe bei seiner Therapiesitzung

Wir wollen uns noch etwas näher mit der von mir zu Anfang dieses Kapitels erwähnten heilenden Kraft der Synchronizität beschäftigen. Jung berichtet in seinem Buch *Synchronizität als ein Prinzip akausaler Zusammenhänge* (1960) über ein Schlüsselerlebnis in seiner eigenen Praxis: Es geht um einen Käfer, der genau in dem Augenblick zum Fenster seiner Praxis hereinfliegt, als eine Klientin von einem Traum erzählte, in dem ein solcher Käfer vorgekommen war. Ihr Traum handelte vom goldenen ägyptischen Skarabäuskäfer. Jung beschreibt: „Bei ihrer Traumerzählung saß ich mit dem Rücken zum geschlossenen Fenster gewandt. Plötzlich hörte ich ein Geräusch hinter mir, wie wenn etwas leise an das Fenster klopft. Ich drehte mich um und sah, dass ein fliegendes Insekt von außen gegen das Fenster stieß. Ich öffnete das Fenster und fing das Tier im Flug. Es handelte sich um den nächsten Verwandten des goldenen Skarabäuskäfers unserer Breiten".

In der ägyptischen Mythologie symbolisiert dieser Käfer die Wiedergeburt; sein Auftauchen im Traum markierte einen kritischen Punkt in der Therapie der Frau. Jung bemerkt dazu, dass die Frau in der Behandlung bis zu diesem Zeitpunkt großen Widerstand geleistet hatte; sie hing mit solchem Eifer an ihrer starren Weltsicht, dass sich schon zwei Psychiater erfolglos um eine Öffnung bemüht hatten. „Offensichtlich", so stellt Jung fest, „fehlte ein irrationales Element, das zu produzieren meine Kräfte überstiegen hatte." Der Traum trug seinen Teil dazu bei, doch erst als das Insekt zum Fenster hineinflog, trat ein Wandel im starren Gefüge ihrer Realitätswahrnehmung ein.

Die Erforschung von Koinzidenzen im eigenen Lebenslauf und im Leben anderer ließ Jung die Überzeugung gewinnen, dass sie mit unbewussten psychologischen Vorgängen in Verbindung stehen. Überdies war Jung gemeinsam mit seinem Freund, dem Quantenphysiker und Nobelpreisträger Wolfgang Pauli, zu der Überzeugung gelangt, dass für eine physikalisch befriedigende Erklärung akausaler Beschreibungen der Welt die physikalischen Gesetze umformuliert werden müssten.* Die damals noch junge Quantenphysik bot dazu einen, wie sie glaubten, interessanten Ansatzpunkt, den es zu verfolgen galt.

Die nur schwer zu verstehende Quantenphysik versuchte man Laien unter anderem so nahezubringen, dass man das Universum als eine Leinwand ansieht, auf der an den verschiedensten Punkten Materie in Erscheinung treten und sich auch wieder auflösen kann, wobei die Hintergrundstruktur der Leinwand bestehen bleibt. Alles im Kosmos ist mit allem durch diese Leinwand verwoben, alles reagiert und agiert im Zusammenhang. Diese Sichtweise hätte einen Durchbruch zu einer Verschränkung von Wissenschaft und Spiritualität in einem integralen Denken bedeuten können. Sicher gibt es in der theoretischen Physik auch Berührungspunkte zwischen Geist und Materie, aber das Prinzip Wissenschaft lässt sich in einer

---

* Siehe hierzu C. G. Jung: *Naturerklärung und Psyche. Synchronizität als ein Prinzip akausaler Zusammenhänge*, und Wolfgang Pauli: *Der Einfluss archetypischer Vorstellungen auf die Bildung naturwissenschaftlicher Theorien bei Kepler*.

breiteren Öffentlichkeit bis heute nicht mit individuellen, unwiederholbaren Erkenntnissen vereinbaren. Man kann sich fragen, warum sich die Menschheit seit fast hundert Jahren beharrlich weigert, die Betrachtungsweisen der Quantenphysik ins allgemeine Bewusstsein aufzunehmen. Nach wie vor wird dem mechanistischen Weltbild von Newton der Vorzug gegeben, obwohl dies auch von wissenschaftlicher Seite her unhaltbar geworden ist. Zu dieser vornehmen Zurückhaltung der Menschheit gegenüber der Quantentheorie nehmen Jan Cederquist und Claudia Fritzsche in ihrem Buch *Die Magie des Zufalls* wie folgt Stellung:

„Die mythischen Dimensionen der Relativitäts- und der Quantentheorie nehmen sich […] zu ihrer Durchsetzung bemerkenswert viel Zeit. Im Gegensatz zur Newtonschen Physik gibt die Neue Physik unserer Vorstellungskraft kaum Nahrung. In unseren Köpfen formt sich kein klares Bild. Newtons Universum war mühelos vorstellbar als gigantische Himmelsmaschine, als kosmische Uhr, die reibungslos und ewigwährend tickt. Das Universum der Relativität ist verschwommener. […] Ihre Lehrsätze von Wahrscheinlichkeit, Wellen, Unbestimmtheit und Komplementarität klingen wie Dialoge aus *Alice im Wunderland*. Man kann sagen: Die quantenphysikalische Revolution hat in den alltäglichen Weltanschauungen nicht die geringsten Spuren hinterlassen, nicht einmal bei jenen, die involviert sind. Im Gegensatz zu den Entdeckern der Newtonschen und Kopernikanischen Welt erfahren diese Menschen keine Neuordnung ihres Bewusstseins; sie sagen: Äußerst interessant, und gehen nach Hause zum Abendessen.“

Zurück zu Jungs vorangegangener Schilderung. In dieser kommt gegenüber den bereits erwähnten Beispielen der Aspekt der Heilung ins Spiel. Das unvermittelte Erscheinen des Skarabäus hatte – laut Jung – etwas bewirkt, dem gegenüber seine ärztliche Kunst versagte. Es bedeutete den Durchbruch in der Behandlung, wie er sagte. Es lassen sich also verschiedene Merkmale der „Wirksamkeit" von Synchronizitäten erkennen:

1. Beispiel *Treffen eines Bekannten*: Ein Zusammentreffen von Ereignissen, die nicht in einem kausalen Zusammenhang stehen, wobei nicht unbedingt ein sinnstiftender Charakterzug erkennbar ist.

2. Beispiel *Kauf des Schals*: Unerklärliches Zusammentreffen zweier Ereignisse, wovon das Letztere einen verstärkenden und in weiteren Zusammenhängen einen sinnstiftenden Charakterzug in sich trägt.

3. Beispiel *Skarabäus*: Hier kommt noch ein unmittelbar heilender Aspekt hinzu. Das Ereignis bewirkte etwas, das der ärztlichen Kunst versagt geblieben war: den Durchbruch in der Behandlung, wie C. G. Jung es nannte.

Aus der Biographiearbeit heraus möchte ich dem Phänomen der „Spiegelungen" eine gewisse Verwandtschaft mit Synchronizitäten unterstellen, weil wir hier auf den ersten Blick zumindest *zwei* Ähnlichkeiten feststellen können: ein inneres Ereignis wird in veränderter Weise von der äußeren Welt gespiegelt und überdies kann ein sinnstiftender, heilender Aspekt enthalten sein.

Spiegelungen werden in der Biographiearbeit, obwohl bisher wenig in ihrer Ursächlichkeit erforscht, sinnstiftend angewandt. In ihnen finden wir in beeindruckender Weise einen unleugbaren Beweis der seelisch-geistigen Verbindung des inneren Menschen zur äußeren Welt. Halten wir fest, dass wir diese seelisch-geistige Verbundenheit zwischen Individuum und Welt auch bei der Synchronizität finden.

Wenn wir in der Biographiearbeit Spiegelungen erforschen, so heißt das auch immer, dass wir bereits eine große Vorarbeit geleistet haben, indem uns die Gesetzmäßigkeiten des Lebenslaufes bekannt sind und wir damit einen geübten Umgang pflegen. Deshalb liegt der Suche nach einer Spiegelung auch immer eine bereits vorhandene Erwartung eines sich anbahnenden Erkenntnisprozesses zu Grunde. Das Erkennen von Spiegelungen ist in der Biographiearbeit immer als ein Ergebnis von Forschungsarbeit zu betrachten! Dagegen fordert die Synchronizität lediglich unsere unvoreingenommene Aufmerksamkeit für den Moment des Ereignisses. Unsere Achtsamkeit wird überdies damit belohnt, dass Synchronizitäten, je mehr wir lernen sie wahrzunehmen, immer öfter in Erscheinung treten. Ein weiterer gravierender Unterschied zu den Spiegelungen ist das meist prompte, zeitnahe Erscheinen von Synchronizitäten. Nach logischen Gesichtspunkten ist es unmöglich, die Ereignisse so zu arrangieren, dass sie mit dieser Zeit- und Zielgenauigkeit eintreffen können, denn gerade das ist es ja, was eine Synchronizität ausmacht.

Nun gibt es allerdings auch Erscheinungsformen, die die Forschenden unsicher werden lassen, ob denn eine genaue Trennlinie zwischen den beiden Erscheinungsformen überhaupt möglich beziehungsweise gerechtfertigt ist. Dies sei an folgendem Klienten-Beispiel erläutert:

In Sturm und Regenschauer unter den Brücken

Eine Familie fährt mit dem an Krebs erkrankten Bruder der Mutter in Urlaub. Auf der Rückfahrt ergibt es sich, dass der Vater, der bisher keinen besondern Kontakt zu seinem Schwager hatte, mit diesem auf Grund von dessen Krankheit ohne den Rest der Familie verfrüht die Rückreise antreten muss. Beide kommen auf der Autobahn in einen Hagelschauer, der den Vater veranlasst, unter einer Brücke Schutz zu suchen. Hier kommt es zu einem ersten ausführlichen und intimen Gespräch über die Krankheit des Schwagers, über dessen Ängste und seine Verzweiflung – zu einem Gespräch, dem die beiden Männer bislang immer ausgewichen sind.

Ein Jahr später lebt der todkranke Schwager in einem Hospiz und es ist absehbar, dass er nur noch wenige Tage zu leben hat. Der Vater ist im Auto auf dem Weg zu ihm, um seine Frau bei der Betreuung des Kranken abzulösen, da öffnet sich über ihm der Himmel und er gerät unvermittelt in einen heftigen Hagelschauer, der ihn dazu zwingt, anzuhalten. Während er dabei ist, unter einer Brücke Schutz zu suchen, erinnert ihn diese Situation an jenes Gespräch unter ähnlichen Umständen auf der Heimreise vor einem Jahr. Blitze zucken am Himmel auf und er ist sicher, dass der Schwager in diesem Augenblick stirbt. Er deutet dies als einen letzten Gruß. Tatsächlich erfährt er, als er im Hospiz ankommt, dass der Schwager zu genau diesem Zeitpunkt verstorben ist.

Im beschriebenen Fall können wir nicht mehr sicher zwischen Synchronizität und Spiegelung trennen. Ein wichtiger Aspekt tritt bei diesem Beispiel allerdings nicht auf, nämlich die oft verblüffende zeitliche Nähe der Ereignisse. Kann man von einer Synchronizität sprechen, wenn die Ereignisse mehr als ein Jahr auseinander liegen? Andererseits hat sich keiner der beiden Betroffenen forschend mit Biographiearbeit auseinandergesetzt.

In dieser „Verschränkung" der beiden Phänomene liegt meiner Ansicht nach ein Hinweis auf ihren Verwandtschaftsgrad. Sind Synchronizitäten sich nicht mehr selbst genug und geben es Spiegelungen auf, sich nur forschend erobern zu lassen? Tut sich da etwas Neues auf, in den Landschaften des Unterbewussten?

Fleißiges Drauflosdenken und angelehnte Hintertüren zum wachen Bewusstsein

Wenn mein Selbst nicht in der Lage ist, mit meinem Tagesbewusstsein auf direktem Wege zu kommunizieren, könnte es sich der Synchronizitäten bedienen, um mir mehr oder weniger symbolhaft Hinweise zu geben, wie weit entfernt oder wie nahe ich zurzeit meinen Lebensaufgaben bin. Neben den biographischen Spiegelungen sind sie ein Gradmesser mehr, der mir bei meinen biographischen Aufgaben beisteht – ein Seismograph meiner augenblicklichen Entwicklung. Wobei ich schon allein dadurch, dass ich diesen Erscheinungen immer mehr Aufmerksamkeit schenke, diese auffordere, sich in verstärktem Maße zu zeigen.

Doch etwas anderes kann uns bei dieser Vorstellung innehalten lassen: Es gibt da ein kleines Problem bei der Suche nach der „Wohnstätte" unseres inneren – oder vielleicht äußeren – Spin-Doctors, unseres Lebensarchitekten, der für uns im Hintergrund die Strippen zieht.

Für Jung befindet sich die Heimat der Synchronizität im Reich der Archetypen – für ihn das Reich des kollektiven Unbewussten. Wie aber ist es möglich, dass sich mit diesem kollektiven Bereich überhaupt etwas Individuelles rückkoppeln kann? Wie kann aus diesem kollektiven geistigen Urgrund heraus darauf eingegangen werden, dass ich zum Beispiel gerade Probleme mit meinem Chef habe und mir dann, wie in vorgenanntem Fall, konkret mit einem „Follow your wishes" geantwortet wird?

Was hier geschieht, vollzieht sich auf Ebenen, die von unserer Vorstellungswelt nicht allzu weit entfernt sein dürften, da sie mit eben diesen Vorstellungen und Erinnerungen individuell umgehen und treffgenaue, manchmal augenzwinkernde Feedbacks geben. Das ist nicht kollektives Gut, das wir im Unbewussten verorten dürfen, dazu ist der Bezug auf die einzelnen Entwicklungsschritte des Erlebenden zu individuell. Wir können hier aber den Bereich des Ätherischen einbeziehen, der in der Anthroposophie als ein kollektives wie auch individuelles Reservoir und als weisheitsvolles Erinnerungsfeld erkannt ist. Dann ist der Widerspruch weitgehend aufgehoben. Auch das Wissen über die Zweidimensionalität dieser Wesensebene hilft mir, dem Akausalen gegenüber Verständnis zu entwickeln. Zeit und Raum fallen hier bereits zusammen und bilden eine Einheit. Erlebnisse wie ein vorab aufkommendes Wissen über künftige Ereignisse finden im ätherischen Bereich ihren Ursprung, ohne dass wir sie rational erklärbar machen können. Wenn auch nicht immer im Klartext, so doch zumindest in symbolhaften, synchronen oder sich spiegelnden Ereignissen findet das Selbst eine Sprache, die zu unserem Bewusstsein vordringen kann. Was ich in mir bewege, bewegt auch die Welt. Und zwar so, dass sie mir und nur mir allein mit diesem Phänomen nicht nur eine unterstützende Reaktion widerfahren lässt, sondern mich auch wissen lassen will: Du bist so mit der Welt verbunden, dass sie sich um dich kümmert und dich in allen deinen Bemühungen um die Entwicklung deiner Seele unterstützt.

Spiegelungen, Synchronizitäten – was soll's?

Ab einem gewissen Alter drängt sich bei nahezu jedem Menschen die Frage nach dem Sinn seines Lebens in den Vordergrund. Im Allgemeinen spürt man aber in nahezu jeder Biographie ab dem 40. Lebensjahr in dieser Hinsicht eine latente Unruhe in sich und den Drang, der Frage nach der Sinnhaftigkeit seines Tuns immer mehr Raum zu geben. Die Erfahrungen, die wir mit Spiegelungen machen können, werden uns sicher nicht abschließend mit der Erkenntnis über den Sinn des Lebens beglücken, aber bei aller verbleibenden Unwissenheit führen sie uns vor Augen: Die Welt bleibt von unserem Tun nicht unberührt, sondern will uns im Gegenteil zu verstehen zu geben: *Du bist nicht allein!* Die Welt reagiert auf dein Tun, in dem sie dich zu Ereignissen und somit zu mehr oder weniger deutlichen Hinweisen führt, um dem inneren und äußeren Zusammenhang zwischen deinem Tun und dem, was die Welt durch dieses Tun empfängt, einen physischen Ausdruck zu verleihen. Diese Erkenntnis kann jeder nachvollziehen, der sich mit gesundem Menschenverstand von dem beliebten Erkenntnis-Fluchtmittel distanziert, das den Namen „Zufall" trägt. Das hat noch nichts mit höherer Erkenntnis zu tun, sondern ist lediglich ein unvoreingenommenes Hinschauen auf Tatsachen, die jedem von uns begegnen können, wenn wir bereit sind dies zuzulassen.

Auch wenn diese Betrachtungen nicht direkt zu einer Antwort auf die Sinnfrage führen, können sie doch in ihrer zielführenden Prozesshaftigkeit deutlich machen, inwieweit sich Sehnsüchte, Talente sowie die im Unterbewussten schlummernde Fähigkeiten in Entwicklung befinden. So geben sie überdies Auskunft darüber, ob und inwieweit bereits ergriffene Lebensaufgaben in ihrer Bewältigung vorangeschritten sind – an welchem Punkte man angekommen ist –, was noch zu tun bleibt. Sie weisen zudem auf so manche noch unbefriedigte Sehnsucht oder das Bedürfnis nach Erlösung von dieser oder jener Obsession hin.

Wenn es so ist, dass die Welt auf unser Sein mit Ereignissen antwortet, dann können wir uns erkannt und getragen sehen. Wir können uns zumindest ein wenig dem anvertrauen, was wir im Innersten unserer Seele bereits wussten und daraus eine Bestätigung und Unterstützung für unseren individuellen Entwicklungsweg finden. Einmal im großen Ganzen, aber auch den täglichen kleinen Bewährungsproben unseres Lebens gegenüber. Niemand anderer als derjenige, der direkt in seelisch-geistigem Zusammenhang mit seiner Lebensmission steht – diese somit lebt – , ist in der Lage, sich wahrhaftig mit seinen Spiegelungen zu verbinden oder aber diese als spekulativ abzuweisen, wenn sie ihm von einem Berater oder einer Beraterin von außen nahegebracht werden. Ein Außenstehender kann sich niemals das Recht anmaßen, eine Spiegelung als solche anzuerkennen oder diese als unzulässig abzulehnen, ob sie nun im Äußeren den vorgenannten Vorgaben zu entsprechen scheint oder auch nicht.

Die Kritik einer gewissen individuellen Beliebigkeit der Deutung gilt es insofern in die Schranken zu weisen, als wir uns hier auf einem Pfad befinden, den noch keiner vor uns gegangen ist. Keine Biographie ist durch die Möglichkeit einer Wiederholung der Tatsachen im streng wissenschaftlichen

Sinne überprüfbar. Mögen die Erfahrungen, die uns im Leben begleiten, auch auf Grundlage des sozialen Zusammenlebens gemacht worden sein, bei der Bewertung und Deutung einer Spiegelung wird der Mensch von der äußeren Welt direkt angesprochen. Jeder Mensch stellt hier uneingeschränkt in seiner Individualität eine Gattung für sich dar, wie dies Rudolf Steiner einmal ausgedrückt hat. Dies ist eine Stufe der persönlichen Freiheit, die einem jeden Menschen zugestanden werden muss – die Bewertung seiner Biographie ist unantastbar, da seine individuelle Erfahrung nicht mit anderen im unfassenden Sinne geteilt werden kann. Es ist in diesem Falle nicht jene Freiheit gemeint, die sich dadurch ausdrückt, dass ich eine Handlung begehe oder nicht, sondern eine Freiheit, die sich auf die Einsicht in die Notwendigkeit beruft – nicht zu müssen, was ich soll.

Durch meine Ausführungen ist es jetzt – so hoffe ich – an dieser Stelle für unvoreingenommene Leser möglich, die Existenz von Spiegelungen anzuerkennen; zumindest aber ihr Vorhandensein als ein immerhin interessantes Phänomen zu akzeptieren. Erkenntnis gilt es zu erleben und dazu ist eine geführte Arbeit an der eigenen Biographie eine Methode, die ohne Umschweif zu unmittelbaren Erlebnissen führen kann. Dieses Erleben trägt in sich die Kraft, dass Erfahrungen auf diesem Gebiet sich nicht nur in einem äußeren Handeln ausdrücken, sondern den ganzen Menschen transformieren können – hin zu einer Fähigkeit, die sich dann als moralische Technik auf alle Motivationen und deren Ausführung ausdehnt.

Es kommt mir mehr und mehr so vor, als wäre die Vergangenheit ein noch viel ungesicherter, weniger verbürgter Ort als die Zukunft. Das, was hinter mir liegt, soll das Gesicherte sein, das Abgeschlossene, das Gewesene, das nur darauf wartet, erzählt zu werden, und das vor mir soll die sogenannte zu gestaltende Zukunft sein?

Was, wenn ich auch meine Vergangenheit gestalten muss?

Was, wenn nur aus einer durchdrungenen, gestalteten Vergangenheit so etwas wie eine offene Zukunft entstehen kann? Es ist ein bedrückender Gedanke, aber hin und wieder kommt mir das Leben, das noch vor mir liegt, wie eine für mich maßgeschneiderte, unumgänglich zu absolvierende Wegstrecke vor, eine Linie, auf der ich vorsichtig bis zum Ende balancieren werde.

Ja, daran glaube ich: Erst wenn ich es geschafft haben werde, all diese abgelegten Erinnerungspäckchen wieder aufzuschnüren und auszupacken, erst wenn ich mich traue, die scheinbare Verlässlichkeit der Vergangenheit aufzugeben, sie als Chaos anzunehmen, sie als Chaos zu gestalten, sie auszuschmücken, sie zu feiern, erst wenn alle meine Toten wieder lebendig werden, vertraut, aber eben auch viel fremder, eigenständiger, als ich mir das jemals eingestanden habe, erst dann werde ich Entscheidungen treffen können, wird die Zukunft ihr ewiges Versprechen einlösen und ungewiss sein, wird sich die Linie zu einer Fläche weiten.

Joachim Meyerhoff, *Wann wird es endlich wieder so, wie es nie war*

Anhang

Was ist Biographiearbeit?

Am Ende sei hier noch der Versuch unternommen, in kurzen Worten die Grundlagen der Biographiearbeit darzustellen. Für ausführlichere Betrachtungen sei die Literaturliste am Ende des Buches empfohlen. Es kann sich hier nur um eine verhältnismäßig oberflächliche Betrachtung im Umriss handeln, die an all die Leserinnen und Leser gerichtet ist, die mit den Grundlagen der Biographiearbeit noch nicht vertraut sind.

Biographiearbeit geht unter anderem davon aus, dass jeder Mensch die Welt mit einer individuellen Aufgabe betritt. Diese Aufgabe ist die unbewusste Triebfeder all unseres Handelns. Wir alle neigen dazu, diesen inneren Auftrag zu ignorieren, weil er uns durch die gegebenen Lebensumstände oft schwierig und manchmal unerfüllbar scheint. Der Zielvorgabe dieser Aufgabe liegt immer eine seelisch-geistige Entwicklung zu Grunde, die nichts mit den Vorstellungen einer Gesellschaft zu tun hat, in der größtenteils gesellschaftliches Ansehen und wirtschaftlicher Erfolg zählen. Biographiearbeit hat sich zum Ziel gesetzt, diesen „roten Faden" im Leben aufzuspüren und ihn näher ins Bewusstsein des Einzelnen zu rücken.

In Würde zu altern setzt ein Leben voraus, das ich in einer weitgehenden Selbstbestimmung gelebt habe. Es setzt den Mut voraus, sich über das in unserer Gesellschaft weit verbreitete Zweckdenken zu erheben. Es setzt voraus, selbst zu leben – und nicht gelebt zu werden. Die beste Voraussetzung dafür ist, sich nicht in eingefahrenen Lebensstrategien zu bewegen. Hilfreich dazu ist eine Kindheit, in der wir erfahren konnten, dass wir gewollt sind. Wenn es heißt: „Wer in der Kindheit gelernt hat zu beten, der kann im Alter segnen", dann bedeutet das, was das Beten angeht, sich nicht unbedingt den Ritualen einer Staatskirche anvertraut zu haben. Mit diesem Beten ist vielmehr gemeint, dass wir als Kinder auf Menschen treffen, die uns einen Respekt und ein Interesse an der Schöpfung vermitteln können. Und mit „segnen" sind seelisch-geistige Wohltaten gemeint, die wir als alte Menschen dann verschenken können, wenn wir in unserem Leben erkennen durften, um was es für uns im Wesentlichen geht. Wenn ich das Wesentliche – und dies ist immer eine individuelle Erfahrung – für mich erkenne, habe ich auch das Bedürfnis, dies an die Jüngeren „vorbildhaft" weiterzugeben. Nicht, indem ich vermeintlich kluge und mahnende Worte an sie richte – davon haben wir bereits mehr als genug und die will auch keiner hören –, sondern indem ich mich hin zu einer inneren Würde und Souveränität entwickle, die dann auch durch das vorbildhafte Vorleben andere beeinflussen kann. Das Alter ist keine Zeit, die man das ganze Leben lang zwanghaft auf den Sankt-Nimmerleins-Tag verschieben sollte. Ich gehe damit dem Trugschluss aus dem Weg, dass ich mich nur immer körperlich fit halten und jugendlich gestylt sein muss, um mich so dem Zugriff des „Nicht-mehr-gebraucht-werden" und „Nichts-mehr-mit-sich-anfangen-können" zu entziehen. Gelassenheit und Weisheit stellen sich nach einem in Eigenverantwortung gelebten Leben zwangsläufig ein und sind der beste Garant dafür, dass das Alter, trotz aller körperlichen Defizite, die sich zwangsläufig einstellen, dennoch eine Zeit sein kann, in der sich neue ungeahnte Wirkungsbereiche erschließen.

Eine moderne Biographie lässt sich mit Biographien, wie sie vor nur hundert Jahren gelebt wurden, nur schwer vergleichen, denn der sich immer mehr entwickelnde Individualismus lässt alle althergebrachten sozialen Komponenten fragwürdig und brüchig erscheinen.

Es handelt sich hier um einen gesamtmenschheitlichen Entwicklungsprozess. Konservativen Bedenkenträgern, die den verlorengegangenen Werten gerne nachtrauern, sei gesagt, dass wir in Zeiten einer notwendigen gesellschaftlichen Revolution leben. In Zeiten, wo dem gesellschaftlichen Wohlverhalten ein persönliches Lebenskonzept entgegengestellt werden muss.

Hinter vielen Gegenströmungen wie dem wachsenden Nationalismus, dem Hang zurück zur Kleinstaaterei und der Vermassung der Menschen durch eine Medienlandschaft, die sich gegenseitig Falschinformationen (Fake-News) vorwirft, verbirgt sich eben gerade diese Entwicklung. Hier drückt sich eine manchmal laute und auch manchmal stille Sehnsucht nach den Zeiten aus, in denen man sich noch darauf verlassen konnte, dass es ein Richtig und ein Falsch gab. Alle Fragen unserer Zeit lassen sich letztendlich darauf reduzieren, wie jeder Einzelne mit dieser Individualisierungsdynamik umzugehen vermag, die nun immer schneller die ganze Welt umfasst.

Sicher kann man davon sprechen, dass für den europäischen Menschen bis zum Ende des Zweiten Weltkrieges noch ein „Wilhelminisches Untertanenbewusstsein" charakteristisch war. In dieser Hinsicht bedeutete der politische und auch spirituelle Aufbruch am Ende des 19. Jahrhunderts und dann noch einmal in den sechziger Jahren des vergangenen Jahrhunderts einen tiefen Einschnitt. Die Frage nach der eigenen Identität war urplötzlich nicht mehr nur Thema der Literatur und anderer schönen Künste, sondern eine Frage, die *Jeden* anzugehen schien.

Die westliche Welt ist offenbar an einen Punkt gekommen, an dem sich das Unterbewusste immer mehr mit dem „normalen" Tagesbewusstsein vermischt. Das Selbst sucht sich einen Weg, sich „selbst" zu erkennen. So liegt es auf der Hand, dass diejenigen, die sich aufmachten, die noch unerforschten Gebiete auf ihrer Seelenlandkarte zu erobern, notwendigerweise dazu gezwungen waren, sich auch mit ihrer eigenen Biographie auseinandersetzen zu müssen.

Anfänglich betrachtete man sich lediglich als ein Produkt seiner Kindheit, doch im Laufe der Zeit wurde klar, dass menschliches Verhalten und im Besonderen die Affinitäten, die ein Mensch zu ganz bestimmten Lebensereignissen entwickelt, sich weder allein durch dessen Herkunftsfamilie noch durch das Milieu erklären lassen, in das er hineingeboren ist. Man schaue sich nur die biographische Entwicklung von Geschwistern an, die aus ein und derselben Familie kommen.

Im Versuch, diese Aufgabenstellung zu bewältigen, kommt die Einmaligkeit jeder Biographie zum Ausdruck, denn jeder Mensch hat eine ihm ureigene Mission zu erfüllen. Mit dieser steht er seit Beginn der Moderne allein in der Welt. Niemand kann die Aufgaben eines anderen Menschen übernehmen.

Eine Aufgabe zu erfüllen heißt, sich ihr mehr oder weniger wissentlich zu stellen. Denn es bedarf zur Bewältigung einer Aufgabe immer der Überwindung eines ernstzunehmenden Widerstandes. Nun macht es sich der Mensch bekanntermaßen gern bequem, er scheut die Anstrengung, steile Hindernisse zu überwinden und nimmt dafür manchmal auch gerne längere Wege in Kauf, um an sein Ziel zu gelangen. Man könnte dann leicht einwenden: „Wenn der Weg das Ziel ist – dann ist doch alles in bester Ordnung?!" Doch hilft uns die buddhistische Gelassenheit wenig in der westlichen Hochgeschwindigkeitswelt, sofern wir dieser nicht den Rücken kehren und in Abgeschiedenheit leben wollen. Da heißt es schon eher: „Das Ziel liegt im Weg" – und es sind viele Ziele, die uns auf Anhieb angeboten werden. Gemeinsam haben sie eine Kraft, die sich aus Gelassenheit und Weisheit speist. Durch diese Weisheit versteht es diese „Zielvorgabe" unsere individuelle Entwicklung in uns immer wieder durch Erschwernisse wachzurütteln, die in unserem Leben für die nötigen Turbulenzen sorgen – wie ein Lotse, der in Kenntnis aller Untiefen des Lebens darum bemüht ist, das ihm anvertraute Schiff wieder auf den einmal vereinbarten Kurs zurück zu leiten.

Eine der vornehmsten Aufgaben der Biographiearbeit besteht darin, dieser Lebensaufgabe ein Gesicht zu geben, sie als einen roten Faden, der unser Leben durchzieht, zu erkennen und so weit wie möglich freizulegen.

Der bedeutendste Mythenforscher des 20. Jahrhunderts, der Amerikaner Joseph Campbell, setzt bei seiner Aufforderung: „Follow your bliss" – „Folge deiner Bestimmung" ein Wissen um diese Zusammenhänge voraus. Auch er geht davon aus, dass unsere Aufgabe darin liegt, unserer ureigensten Geschichte, die den Hintergrund all unserer Sehnsüchte bildet, zu realem Leben zu verhelfen. Bei der Verwirklichung dieses Projektes bleiben wir nicht allein, solange wir unserer inneren Stimme folgen. Wenn ich ohne Wenn und Aber bereit bin, meiner Bestimmung zu folgen, so Campbell, dann kann ich mir der Unterstützung der Welt sicher sein. Es werden sich mir Türen öffnen an Orten, wo ich sie nie zuvor erwartet hätte.

Wer öffnet diese Türen? Von wem kommt diese Hilfe? Gibt es ein stillschweigendes Einvernehmen zwischen mir und einem handelnden, kollektiven Unbewussten, zu dem jeder Mensch eine unbewusste Verbindung pflegt?

Der Autor über sich selbst

Ich bin mir sicher, dass ich voller Erwartung war, als die ersten Herztöne, Bewegungen und Außengeräusche zu mir durchdrangen. Mich rief eine Familie ins Jahr 1950. Meine Eltern verpassten mir einen Fassonschnitt und lehrten mich, „bitte" und „danke" zu sagen. Mein Vater, ein vom Krieg Gezeichneter, brachte mir in der damals knappen Freizeit, die einem Maschinenarbeiter gegönnt war, all jene Dinge nah, die ein Jungenherz erfreuten. Meine von mir geliebte Großmutter lebte vor, wie man mit ungeheurem Selbstvertrauen sein Schicksal meistern kann.

Alles in allem, ich war gewollt und auch ich wollte diese Welt. Trotz Schule gelang es mir, die Zeit für die wirklich nützlichen Dinge des Lebens zu erobern. Es war mir gegeben, die Welt der Erwachsenen in ihren Schwächen und Stärken zu durchschauen und dies ihnen gegenüber mehr oder weniger gekonnt auszuspielen.

Das familiäre Idyll zerbrach mit der Pubertät und es lockte mich ein Zeitgeist, der alles versprach, ohne von irgendetwas auch nur eine Ahnung zu haben. Dieser Zeitgeist brachte es dennoch fertig, dem Muff der Nachkriegszeit den Todesstoß zu versetzen.

Eine Banklehre wurde zu meinem Schwellenhüter. Er wurde als solcher rasch erkannt und musste jenen Mentoren Platz machen, die mir bei meinem darauffolgenden Kunststudium begegneten.

Ich genoss den süßen Duft der Freiheit. Eine gelungene Grafik, ein guter Satz, gefunden in einem Buch oder in einem Song, ein revolutionärer Film oder ein irrwitziges Gitarrenriff einer neu entdeckten Rock-Band retteten mich oft durch den Tag. In der Umgebung von Hasardeuren und Schatzsuchern – immer auf der Jagd nach dem ultimativen Song oder der einzig wahren Textzeile – wagte ein hoffnungsfroher Amateur, völlig ungeniert die Bretter zu betreten, die die Welt bedeuten. Das „Da capo!" wurde genossen – die Buh-Rufe ignoriert.

Wie ein Wunder erschien es mir, dass man mir gegen Ende des Studiums tatsächlich ein Diplom anbot, das mir den Titel Grafikdesigner verlieh. Von nun an vollbrachte ich zielstrebig eine Heldentat nach der anderen. Dabei bemerkte ich nicht, dass das Podest, auf das man mich hievte, oft schon ein künftiger Stolperstein war, noch bevor ich den Pokal in den Händen hielt und die Aussicht genießen konnte. Vorerst waren die Göttinnen, die meine Wege kreuzten, eher Sirenen und ich folgte ihren Rufen nur allzu willig. Dann jedoch traf ich auf eine Heldin mit dem Namen „Sesshaftigkeit". Nachdem die Siegeswut verraucht war, folgte unweigerlich der Katzenjammer der Ernüchterung.

Offenbar war es notwendig, dass in jener Zeit meine Wünsche, die nach schnellen Antworten verlangten, zum Scheitern verurteilt waren. Mentoren halfen mir, die Schrift an der Wand zu entziffern.

Von da an war das anthroposophische Menschenbild prägend – und wurde mein lebenslanger Mentor. Ich bot dem Schwellenhüter Paroli, indem ich mich auf lange innere Debatten einließ, um herauszufinden, was von all dem an mein Ufer gespülten Strandgut mit meiner eigentlichen Lebens-Mission zu tun hatte. Überdies war diese Zeit geprägt vom Verlust der Selbstverständlichkeiten. Für neue Verständlichkeiten brauchte es den Mut, neben dem Gewinn auch Verluste hinzunehmen.

156

In der Auseinandersetzung mit dem Lebenslauf des Menschen erkannte ich, dass mir Biographiearbeit eine Heimat werden könnte. Und sie kam zurück – die Begeisterung der frühen Jahre – im Wissenwollen um die Gesetzmäßigkeiten und Zusammenhänge des Lebens.

Der Designer wurde endgültig in Ehren pensioniert – in der Asservatenkammer verstaut, deren Panzertür die Aufschrift trug: „Bereits abgearbeitete Fähigkeiten". Ich ließ mich darauf ein, Menschen zu begleiten, die auf dem Weg sind, sich den Schlüsselfragen ihres Lebens zu nähern. Mein dritter Mondknoten arrangierte die Begegnung mit Joseph Campbells „Heldenreise": Die Folge war mein Comeback ins öffentliche Leben, indem ich es wagte, eigene Gedanken zu diesem Thema zu formulieren und zu veröffentlichen.

Ich befinde mich nun in der Zeit der Ernte, die sich naturgemäß nicht selbst einbringt. Das Notwendige vom Unsinnigen zu unterscheiden lernen, könnte der Mühe wert sein. Überdies versuche ich nun der Welt ein wenig von dem zurückzugeben, was ich bis zum heutigen Tag von ihr geschenkt bekam.

Walter Seyffer, Neckarhausen, Frühjahr 2019

Website des Autors: www.biographie-arbeit.com

Literatur in Auswahl:

Gudrun Burkhard, Das Leben in die Hand nehmen. Stuttgart 1992.

Joseph Campbell, Der Heros in tausend Gestalten. Frankfurt am Main 1953.

Joseph Campbell, Die Kraft der Mythen, Zürich 1994.

Bernard Lievegoed, Lebenskrisen – Lebenschancen, München 1979.

Bernhard Lievegoed, Der Mensch an der Schwelle, Stuttgart 1986.

Walter Seyffer, Helden für ein Leben. Frankfurt-Main 2011.

Manfred Van Doorn, Universal Man. Urmotive der menschlichen Biographie, Stuttgart 1998.

Mathias Wais, Biographiearbeit-Lebensberatung, Stuttgart 1992.

Danksagung

Danksagungen gehen an Silke Ewald, Angela Dewisch, Edna Andrade, Beate Hettler-Hahl, Olga van Boekel, und an eine „Vorableserin", die ungenannt bleiben will. Mein besonderer Dank gilt Dr. Jens Heisterkamp für seine hingebungsvolle und kenntnisreiche Arbeit, durch die er meinen Texten einen letzten Schliff gegeben hat.

Vom selben Autor im Info3 Verlag

Walter Seyffer
Helden für ein Leben
Die heldenhafte Lebensreise des Menschen nach
Joseph Campbell und ihr Einfluss auf den
individuellen Lebenslauf
Ein Beitrag zur anthroposophischen Biographiearbeit
Info3 Verlag 2011, 320 Seiten, Broschur, € 19,80
ISBN 978-3-924391-59-1
Neuauflage in Vorbereitung

Die nach Joseph Campbell benannte „Heldenreise" bildet ein universales Grundmuster in fast allen Mythen
der Welt. Mit ihren wiederkehrenden Stufen, ihren Prü-
fungen, Niederlagen und Siegen bildet sie aber auch ein
Gerüst, welches als Sinndimension in der Tiefe jedes
menschlichen Lebenslaufes aufscheint. Walter Seyffer
verbindet die von Campbell zutage geförderten Strukturen erstmals mit den Rhythmen der anthroposophischen Biographieforschung. Ausflüge in die Welt gro-
ßer Kinofilme und der populären Kultur machen sein
Buch höchst unterhaltsam und anregend. Aus langjäh-
riger Erfahrung als Berater bietet Seyffer auf jeder Seite
praktische Anregungen für ein fruchtbares Verständnis
der „Heldenreise" durch die eigene Biographie.

www.Info3.de

Info3 Verlag
Kirchgartenstr. 1
60439 Frankfurt
Tel. 069-58 46 47
eMail: vertrieb@info3.de
Webshop: www.info3.de